企业档案信息化高质量发展研究

郑晓卿　罗思云　詹少琼　著

中国商业出版社

图书在版编目（CIP）数据

企业档案信息化高质量发展研究 / 郑晓卿，罗思云，詹少琼著 . -- 北京：中国商业出版社，2023.11
ISBN 978-7-5208-2672-3

Ⅰ . ①企… Ⅱ . ①郑… ②罗… ③詹… Ⅲ . ①企业管理－档案管理－信息化建设－研究 Ⅳ . ① G275.9

中国国家版本馆 CIP 数据核字 (2023) 第 201448 号

责任编辑：陈　皓
策划编辑：常　松

中国商业出版社出版发行
（www.zgsycb.com 100053 北京广安门内报国寺 1 号）
总编室：010-63180647　编辑室：010-83114579
发行部：010-83120835/8286
新华书店经销
定州启航印刷有限公司印刷
*
710 毫米 ×1000 毫米　16 开　15.25 印张　210 千字
2023 年 11 月第 1 版　2024 年 1 月第 1 次印刷
定价：88.00 元
* * * *
（如有印装质量问题可更换）

前　言

在信息时代的洪流中，档案作为承载信息和知识的重要媒介，已经遍布在人们日常生活和工作的每一个角落。对于企业而言，档案十分重要，它是企业历史和业务发展的珍贵记录，更是企业信息资产的一部分。科技发展的步伐从不停歇，信息技术和数字技术的繁荣发展，使企业档案的形态和管理方式正经历着前所未有的转变。企业档案信息化，甚至进一步的数字化，已经成为现代企业档案管理的重要趋势。

推进企业档案信息化的高质量发展，不仅是企业档案管理工作的新命题，更是企业在新时代中提升自身竞争力、适应新的信息环境的必然选择。然而，这个过程涉及的诸多问题却并不简单，如企业档案的内涵与特点应如何理解、如何构建适应新时代发展的企业档案工作内容和准则、企业档案工作的组织与管理应该如何进行、如何推动企业电子文件归档与电子档案管理的高质量发展、企业档案信息数字化的高质量发展应该如何实现、企业数字档案馆应如何构建和运行、如何建立企业档案信息化高质量发展的保障机制等，这些都是需要深入研究和探讨的问题。

出于对上述问题的研究兴趣和解答需求，《企业档案信息化高质量发展研究》一书应运而生。本书的编撰，始于企业档案的基本概念和特性，逐步深化到企业档案信息化的多个层面。本书先从企业电子文件归档与电子档案管理、企业档案信息数字化、企业数字档案馆三个角度，探究企业档案信息化高质量发展的实现路径和方法，再从制度、组织、安全和经费四个维度出发，研究企业档案信息化高质量发展的保障机制。

本书旨在以理论与实践相结合的方式，深入而全面地剖析企业档案信息化高质量发展的课题，并希望为企业档案管理的工作人员提供理论参考和实践指南，也能为对企业档案信息化感兴趣的读者提供一份独特而富有启发的读物。

通过实践不难发现，越来越多的企业已经开始采用电子档案，并通过信息化技术的运用，大幅提升了企业档案管理工作的效率和效益。然而，企业档案信息化的道路并非一帆风顺，充满了挑战和困难。例如，如何确保电子档案的安全性、完整性和可用性，如何平衡档案的保存与利用，如何处理各种不同格式和来源的档案，如何在数字环境下进行有效的档案组织和检索，等等。这些问题都需要寻找新的理论依据和实践方法。而本书所探索的诸多议题（如企业电子文件归档与电子档案管理、企业档案信息数字化、企业数字档案馆建设等），都是对这些挑战和困难的直接回应。在研究这些议题的过程中，本书试图揭示企业档案信息化高质量发展的核心理念和原则，为解决实际问题提供可操作性的策略和方法。

企业档案信息化的复杂性和深远意义，决定了这不仅是一场技术革命，更是一场涉及企业管理哲学、组织结构、人员素质等多方面的变革。本书期望通过深入研究和系统阐述，能够为这场变革提供有力的理论支持，推动企业档案信息化迈向更高的发展水平。本书也期待能引发更多的思考和讨论，多角度、多方面地推动企业档案信息化的高质量发展。

目 录

第一章

企业档案概述

第一节　企业档案概述

一、企业档案的内涵与特点

企业档案是企业运营和管理的重要组成部分，也是企业历史和文化的重要载体。理解企业档案的内涵和特点是正确处理企业档案工作的基础。理解企业档案的内涵，可以帮助我们更好地认识企业档案的价值，提高企业档案工作的效率。了解企业档案的特点，可以指导我们科学地组织和管理企业档案，提高企业档案的使用价值。

（一）企业档案的内涵

企业档案的内涵具有记录性、法律性和信息性。企业档案的记录性体现在，企业档案作为企业活动的记录者，反映了企业的生产、经营和管理过程。企业档案包括各种类型的文书、报告、账簿、图表、图纸、照片等，这些都是企业活动的真实记录。企业档案还具有法律效力，它是企业权利和义务的证明，例如合同、发票、证书等档案，都可以作为法律纠纷的证据。企业档案是企业信息资源的重要组成部分，包含了大量的信息。这些信息可以帮助企业了解市场动态，制定经营策略，改进管理方式。

（二）企业档案的特点

企业档案的特点具有多元性、历史性和系统性。企业档案的多元性体现在，企业档案包含了各种类型和形式的记录，如文字、图像、音频、视频等。这就要求我们在企业档案管理中，要注意处理好不同类型档案的特点。企业档案的历史性体现在，企业档案记录了企业的历史，它是企业历史的重要载体。这就要求我们在企业档案管理中，要注意保护和利用好历史档案。企业档案的系统性体现在，企业档案之间有一定的关联性和连续性。这就要求我们在企业档案管理中，要注意整理和分类档案，使之构成一个完整的系统。

二、企业档案的定义与性质

（一）企业档案的定义

1. 基本定义

我国法规类文件对企业档案有着严格的定义。例如，2009 年，国家档案局发布的《企业档案工作规范》将企业档案定义为“企业在研发、生产、经营和管理活动中形成的有保存价值的各种形式的文件”。从学术研究的角度看，企业档案的定义更为简洁和抽象，它被认为是企业在生产经营、管理制造以及科学研究等活动中产生的文件和材料，其形式包括文字、图表、声音和影像等不同类型。在此，我们将企业档案定义为在日常活动中创建和接收，并且为了实施这些活动而保留的各种类型的记录，通常包括书面文件（如报告、备忘录、电子邮件和合同）和非书面文件（如照片、录音、录像等形式）。

由企业档案的定义可知，企业档案包含了一系列活动的记录，这些记录在创建和接收时具有一定的目的和意义，通常用于实施和记录这些活动。档案的形式多样，可以是书面文件，也可以是非书面文件。这些记录通常会在一段时间内保留，然后根据其重要性、法规要求或实际需求进行处理，如保存、销毁或转让。

2. 企业档案的分类

在企业环境中，企业档案通常被定义为企业在其生产经营和管理活动中因事成文，并作为证明和参考的各类文件和资料的总称。这些企业档案涵盖了企业的各个方面，包括人事档案、财务档案、设备档案、专项档案、行政综合档案、档案管理制度和其他档案管理。企业档案不仅记录了企业的历史，也是企业决策的重要依据。

（1）人事档案。

人事档案包括员工的入职记录、工资调整、职位变动、工龄累计、工种等信息。对于国有企业，它们可以直接建立和管理人事档案；而私营企业则需要将这些档案集中存放在人社相关部门进行管理。人事档案可以进一步细化为干部人才（管理人员）档案、技术人才档案和一般工种档案等。

（2）财务档案。

财务档案反映了企业的经营管理成果和发展历程。这些档案需要按照会计档案管理办法进行管理，并且不同类型的账册（如总分类账、明细账等）有不同的保管期限要求。财务档案记录了企业的财务状况（如收据、发票、财务报表等），对于管理者了解企业的经济状况、进行财务决策和法律法规要求是至关重要的。

（3）设备档案。

设备档案记录了企业设备的种类、规格、购进时间、修理时间、预计报废时间等信息以及各种设备的图纸。

（4）专项档案。

专项档案包括固定资产档案、消防档案、治安档案、教育培训档案、员工花名册、员工变动档案、项目文件档案等。其中，项目文件档案（如项目计划、进度报告、最终报告等）记录了企业的项目执行情况，这对于项目管理和项目效果改进有着重要的作用。

（5）行政综合档案。

行政综合档案包括重要的会议材料、各项规章制度、组织变革记录、年度大事记、发展规划报告、年度工作总结、年初规划预算、政府下发文件、证件性资料等。

（6）档案管理制度。

企业需要设立档案管理机构，制订档案管理办法，工作职责以及档案的收集、保管、调阅审批、销毁流程等。

（7）其他档案管理。

除了私营企业的社保档案需要由专门机构存放，其他类型的档案（如合同、学习资料等）可以由任何企业建立。合同（包括采购合同、销售合同、租赁合同等），是企业经营活动的重要依据，这对于保障企业权益、处理商业纠纷和满足法规要求是必不可少的。

（二）企业档案的性质

企业档案包括四个主要性质：记录企业的职能活动、由企业直接形成、具有保存备查价值和载体形式多样。

1. 记录企业的职能活动

企业档案记录了企业的各项职能活动，包括财务、人事、管理等方面的重要信息。企业档案可以被视为企业活动全面、系统化的“日记”，详细记录了企业从运营开始到发展过程中的各种活动和事件。

财务方面的档案包含财务报表、会计记录、税务文件等重要的财务信息。这些档案可以帮助企业了解和监控财务状况、评估经营绩效，并且对于报税和审计等方面也具有重要价值。

人事方面的档案记录了员工的个人资料、劳动合同、培训记录、薪酬福利等信息。通过这些档案，企业可以管理和跟踪员工的职业生涯和工作表现，保证员工的权益，并为人力资源管理提供依据。

管理方面的档案涵盖了企业的决策、规章制度、管理政策等方面的文件。这些档案记录了企业的组织结构、管理流程、决策过程等信息，有助于企业管理者了解和评估企业的运营情况，提供参考和依据，以优化决策和管理。

企业档案还包含与市场营销、研发创新、生产运作等其他职能相关的信息。这些档案记录了企业在不同领域的活动、项目进展、市场竞争等情况，为企业的战略决策和业务发展提供依据。

2. 由企业直接形成

企业档案是由企业直接形成的，是原始的记录，直接产生于企业的各项职能活动。这一性质使企业档案与其他资料有所区别，与外部获取的信息相比，企业档案直接反映了企业内部的实际活动和操作过程。

企业档案的形成是通过企业内部各个职能部门的活动和操作生成的。例如，财务部门会记录和归档财务报表、发票、收据等文件；人事部门会记录和维护员工档案、培训记录等；管理部门会生成和保留组织架构、管理规范、决策文件等。这些档案在企业内部生成，直接记录了企业的活动和决策过程。

由于企业档案是在企业内部经过相关职能部门的审核、记录和归档程序后生成的，因此这些档案反映了企业内部的真实情况，可以作为企业的证据和依据。在审计、法律诉讼、合规性检查等场景中，这些原始的、由企业直接形成的档案具有重要的法律意义和商业意义。

企业档案还具有及时性和完整性。企业内部各个职能部门会及时记录和更新档案，确保信息的准确性和完整性。这为企业管理者和决策者提供了基于最新数据和全面信息的基础，以便作出有效的决策和规划。

3. 具有保存备查价值

企业档案具有保存备查价值，这是企业档案的重要性质。只有具有保存备查价值的文件，才能通过归档转化为企业档案，这意味着这些文件具有长期保存的必要性，并可随时查阅和检索。

企业档案中的文件往往记录了企业的重要信息和关键活动。这些文件包括财务报表、合同文件、员工档案、会议纪要、决策文件等，对于企业的管理、运营和决策具有重要意义，需要长期保留以便将来备查，从而确保企业对历史信息和过程的追溯能力。通过保留档案，企业可以回顾和分析过去的活动、决策和事件，以便从中获取经验教训，指导未来的发展。保存备查价值有助于企业的合规性和法律事务。企业档案中的文件可以作为证据，在法律诉讼、税务审计、监管检查等场合提供支持。这些文件的长期保存和备查性质可以确保企业在法律和商业纠纷中能够提供可靠的证据和信息。保存备查价值还有助于知识管理和组织学习。企业档案中记录的信息和经验可以为企业内部的知识共享、培训和绩效评估提供支持。员工可以通过查阅档案了解过去的经验和最佳实践以及企业内部的规定和流程，从而提高工作效率和绩效。

为了确保档案的保存备查价值，企业需要采取适当的档案管理措施，包括规范的归档程序、合理的存储设施、信息安全和备份策略等。这样可以保证档案的完整性、可靠性和可访问性，以满足企业内部和外部的需求。

4. 载体形式多样

企业档案的载体形式多样，可以是纸质档案，也可以是照片、音频等特殊载体记录的档案。

纸质档案是最传统的形式，通常以文件、文件夹、盒子等形式存在。这种形式的档案便于人工管理和存储，适用于长期保存。然而，纸质档案存在空间占用大、易受损和不易检索等缺点。随着科技的进步，越来越多的企业选择将档案进行数字化处理，转化为电子档案。电子档案以数字形式存储在计算机系统或云存储中，具有节省空间、易于管理和高效检索的优势。电子档案可以进行备份和加密，提高信息的安全性和保密性。电子档案还支持跨地域、跨部门的共享和协作，方便企业内部各个职能部门之间的信息交流。

除了传统的纸质档案和电子档案外，企业档案还可以以照片、音频等特殊载体形式存在。例如，企业可以拍摄产品的照片、记录重要会议的视频或音频，用于档案记录和证明。这些特殊载体记录的档案可以提供更直观、生动的信息，有助于更好地保存和传达相关内容。随着技术的不断发展，新的档案载体形式也不断涌现。例如，虚拟现实（VR）和增强现实（AR）技术的应用，使企业可以以全新的方式记录和展示档案信息。

以上定义和性质不仅揭示了企业档案的本质和重要性，还为我们提供了处理和管理企业档案的基本框架和准则。

理解企业档案的本质是关键。企业档案不仅是记录企业职能活动的工具，更是企业的珍贵资产和知识宝库，记录了企业的历史、运营、决策和成长轨迹，对于企业的管理、合规和发展具有重要意义。明确了企业档案的本质，我们才能更好地意识到其价值和必要性。

企业档案的四个主要性质为我们提供了处理和管理档案的基本框架。这些性质揭示了企业档案的内容、来源、价值和形式多样性。在处理和管理企业档案时，我们应当确保全面记录各项职能活动，制定规范的档案管理程序，确保档案的真实性、完整性和准确性，并采用适当的存储和保护措施，以确保档案的保存备查价值和长期可用性。

企业档案的重要性也提醒我们要重视档案管理和利用。企业档案不只是一种记录和存档的工具，更是对企业经验、知识和历史的积累和传承。合理、高效地管理和利用档案，可以帮助企业更好地回顾和分析过去的经验和决策，为未来的发展提供参考和借鉴。档案的合规性、安全性和可访问性也是企业管理者和决策者需要关注和重视的方面。

三、企业档案的功能与价值

企业档案是企业活动的重要记录，在企业管理和发展中起着不可忽视的作用。对企业档案的功能与价值进行深入理解，有助于企业更好地利用这些重要资源。

（一）企业档案的基本功能

企业档案具有四大基本功能，即证明功能、信息功能、管理功能和保存功能。

1. 证明功能

企业档案记录了企业的各项活动和决策，具有法定效力，可以用作解决各类纠纷的证据，具有证明功能。

企业档案作为记录企业活动和决策的原始资料，可以证明企业在特定时间和场景下所进行的具体操作和交易。例如，财务档案中的财务报表、发票和收据可以证明企业的财务状况、收支情况和交易细节；人事档案中的员工合同、工资单和离职证明可以证明企业与员工之间的合法关系和员工的工作经历；管理档案中的决策文件、会议纪要和规章制度可以证明企业的决策过程和规范要求。

企业档案作为证据，也可以在解决法律纠纷和商业争议中发挥重要作用。当企业与其他组织或个人之间发生争议时，企业可以通过提供相关的档案来证明自身的权益和主张的合法性。档案记录的事实和数据可以作为证据提交给法院、仲裁机构或其他相关机构进行审理和调解，以支持企业的诉讼或争议解决过程。

企业档案的证明功能还广泛应用在合规性检查和审计中。政府部门、监管机构或独立审计师等对企业的合规性和财务状况进行审查时，会要求企业提供相应的档案作为证明材料。这些档案可以证明企业的合规操作、财务报告的准确性以及内部控制的有效性。

2. 信息功能

企业档案包含了大量的信息，具有信息功能，可以为企业的决策提供依据。通过分析档案信息，企业可以了解过去的经营情况，预测未来的市场趋势，为决策提供参考。

企业档案记录了企业过去的经营情况和活动，包括财务数据、销售数据、市场营销活动、产品研发信息等。通过分析这些档案信息，企业可以了解过去的业绩和趋势，评估各项业务的成败，识别成功因素和问题所在。这些信息有助于企业对过去的经验进行总结和分析，以便更好地规划未来的发展策略。

企业档案记录了企业的组织架构、人员配置、岗位职责等人力资源相关的信息。通过对这些档案信息进行分析，企业可以了解员工的背景和能力，评估人力资源的合理性和充分性。这些信息对于人力资源管理、人才培养和绩效评估具有重要意义，有助于企业制定有效的人力资源策略和决策。

企业档案中记录了企业的市场情况、竞争对手信息、消费者反馈等市场营销相关的信息。通过分析这些档案信息，企业可以了解市场趋势、竞争态势和消费者需求的变化。这些信息有助于企业制定市场营销策略、产品定位和品牌推广，为决策提供了重要依据。

企业档案还可以记录企业的风险管理和合规性信息，包括安全事故记录、合规检查报告、法律文件等。通过分析这些档案信息，企业可以评估和管理风险，确保企业在合规性方面符合相关法规和标准。

3. 管理功能

企业档案具有管理功能，是企业管理的重要工具。通过档案管理，企业可以有效地控制和管理信息，提高工作效率，减少错误和遗漏。

企业档案提供了对企业信息的全面和系统化管理。通过合理的档案分类、归档和检索系统，企业可以对各类档案进行有序管理，使信息易于查找和利用，有助于提高工作效率，节约时间和资源。管理者和员工可以快速地获取所需的信息，作出准确的决策和判断。

企业档案有助于信息共享和协作。档案的合理管理可以促进信息的共享和交流，不同部门和员工之间可以更好地共享相关信息，避免信息孤岛和重复工作。这有助于提高团队协作效率，加强部门之间的协调和沟通，推动企业的整体运作。

企业档案可以对工作流程和业务规范起到管理和引导作用。通过记录和归档工作流程、规章制度和决策文件等，企业档案可以为员工提供明确的工作指引和规范，减少错误和遗漏。员工可以参考档案中的规定和流程，按照标准操作，提高工作质量。

企业档案对于合规性管理和风险控制也具有重要意义。通过记录和保存合规性文件、合同和法律文件等，企业可以监控和管理自身的合规性，减少风险和法律责任。企业档案可以为企业提供法律和合规性要求的依据，支持企业的内部审计和外部审计，确保企业的合规性和良好的商业声誉。

4. 保存功能

企业档案记录了企业的历史，具有保存功能，是企业文化和经验的重要载体。通过保存和整理档案，企业可以传承历史经验，弘扬企业文化。

企业档案的保存功能可以帮助企业保留和传承历史经验。企业档案记录了企业从成立开始的各个阶段的发展过程，记录了企业在市场竞争、经营管理、创新发展等方面的经验和教训。通过保存这些档案，企业可以回顾和总结历史经验，为未来的发展提供借鉴和参考。这有助于企业避免重复犯错，提高管理者的决策水平和员工的工作效率。

企业档案有助于弘扬企业文化和价值观。企业档案记录了企业的价值观、使命和愿景，反映了企业的文化氛围和精神风貌。通过保存和展示这些档案，企业可以传达和弘扬自身的核心价值观，增强员工的归属感和凝聚力，构建积极的企业文化。

企业档案有助于满足法律和监管的要求。根据法律和监管的规定，企业需要保存一定期限的档案，以便进行审计、合规性检查和法律诉讼等。通过合规性的档案保存和管理，企业能够满足法律要求，降低法律风险，并为审计和检查提供必要的证据和支持。

此外，企业档案的保存功能还有助于保护企业的知识产权和商业机密。在档案中保存关键技术、研发成果和商业机密的信息，可以确保企业的核心竞争力和创新优势不受侵害。合理的档案保密措施也能帮助企业防止信息泄露和不当使用。

（二）企业档案的价值

企业档案的功能决定了其在企业中的重要地位。这些记录了企业活动和决策的档案往往是企业行为的直接证据，尤其是在解决法律纠纷或审计过程中，它们可以作为关键的证据。企业档案的历史价值往往能反映企业的战略变化和市场动态，是研究企业历史和企业文化的重要资料。企业档案的实用价值不仅可以帮助企业提高效率，防止信息的丢失和重复，也能帮助企业更好地遵守行业规定和法规要求。因此，企业档案工作是企业管理的重要组成部分，而在信息化的今天，企业档案的价值越来越突出。

1. 企业档案是企业知识管理的重要组成部分

在知识经济时代，知识和信息是企业的重要资源。企业档案包含了丰富的知识和信息，是企业知识管理的重要源泉。

（1）知识保留和传承。企业档案记录了企业的历史经验、成功案例和失败教训等宝贵知识。通过合理管理和保留档案，企业能够保留和传承过去的知识，使其在组织内流转和延续。这样，新员工可以从档案中学习和借鉴，避免重复犯错，并快速适应企业的发展。

（2）知识发现和创新。企业档案中蕴含了丰富的隐性知识和信息，可以为企业的创新和研发提供启示。通过对档案中的数据、经验和见解进行分析和挖掘，企业可以发现新的思路、市场机会和技术趋势，推动创新的发展。这种知识发现和创新能够推动企业持续成长，保持竞争优势。

（3）知识共享和协作。企业档案的数字化和电子化管理使知识共享和协作更加便捷和高效。不同部门、团队和员工可以通过访问档案数据库，获取和共享重要的信息和经验。这种知识的共享和协作促进了团队的跨部门合作、协同工作和创新，加快了问题解决和决策制定的速度，提升了整体的业务绩效。

（4）知识价值提升。通过有效管理和利用企业档案，企业可以实现知识的价值提升。档案中的知识和信息可以通过整理、分类和标准化，形成知识库和经验库，以供企业内部员工查询和利用。这种知识的有效提炼和利用提高了知识的可见性和可用性，增加了知识的实际应用价值和商业价值。

（5）知识保护和风险管理。企业档案记录了企业的重要信息和数据，包括商业机密、合同文件和知识产权等。通过档案的合规性管理和保护，企业可以确保自身的知识资产不受损害和泄露。企业档案还有助于识别和管理风险，确保企业的合规性和稳健发展。

2. 企业档案有助于企业创新

企业档案不仅记录了企业的过去，也包含了对未来的启示。通过研究企业档案，企业可以从过去的成功和失败中汲取经验，激发新的创新思维。

（1）通过成功案例进行创新。企业档案作为宝贵的知识资源，提供了历史的成功案例。通过研究这些成功案例，企业可以了解成功的因素和关键要素，从而得出启示和借鉴。这些案例可以为企业提供创新的思路、方法和策略，帮助企业更好地抓住市场机遇，提升产品或服务的竞争力。

（2）通过失败案例进行创新。企业档案中的失败教训也是宝贵的创新资源。通过研究失败案例，企业可以分析失败的原因和教训，避免犯同样的错误。失败案例的分析有助于企业更好地识别风险、改进决策和管理流程，提高创新项目的成功率。

（3）促进跨界创新和技术转移。企业档案中记录了不同部门、团队和项目之间的合作和交流情况。通过研究这些合作案例，企业可以促进不同领域之间的知识交流和技术转移，激发跨界创新的可能性，促进创新的跨部门协作和协同创新。

3. 企业档案有助于企业构建核心竞争力

在激烈的市场竞争中，企业需要依靠自身的核心竞争力来获得优势。企业档案既是企业历史、文化和经验的载体，又是构建企业核心竞争力的重要资源。

（1）树立和传承企业文化。企业档案记录了企业的文化和价值观。企业的文化和价值观是企业独特的精神和行为准则，是塑造企业独特个性和吸引力的重要因素。通过研究档案中的文化和价值观，企业可以进一步明确自身的核心价值主张，树立和传承企业独特的文化特征。这有助于企业在市场中树立品牌形象、吸引人才、建立长期的客户关系，并形成可持续的竞争优势。

（2）保证技术领先地位。企业档案记录了企业的核心技术、专利和研发成果。这些技术和研发成果是企业的技术实力和创新能力的体现。通过有效管理和利用档案中的技术和研发成果，企业可以保护自身的知识产权，加强技术创新和产品研发，推动企业在市场中的差异化竞争和技术领先地位。

（3）优化合作网络。企业档案还记录了企业与客户、供应商和合作伙伴的合作关系和合同协议。通过分析档案中的合作关系，企业可以了解自身与合作伙伴之间的优势互补和资源整合情况，进一步优化合作伙伴网络，实现协同创新和共同发展。这有助于企业形成具有竞争优势的供应链和商业生态系统，增强企业的综合竞争力。

第二节　企业档案管理工作的内容与准则

一、企业档案管理工作的主要内容

（一）档案的收集、整理与分类

企业档案管理工作是一个复杂且重要的任务，其主要工作之一是档案的收集、整理与分类。这是一个基础且关键的工作，对于档案的有效管理和使用有着至关重要的作用。

1. 档案收集

档案收集是档案管理工作的起点，其重要性不言而喻。一方面，企业需要从各个部门、各个层级收集各类档案，包括会议记录、项目文件、合同、政策文件、财务报表等。另一方面，企业需要考虑包括电子邮件、社交媒体帖子、网站内容等电子档案在内的现代信息资源。在收集的过程中，企业需要确保档案的完整性和真实性。企业档案的收集工作涉及多个方面，包括确定档案的来源、识别档案的类别、把控档案的质量以及制定档案的收集策略。这些方面需要在实际工作中互相协调，才能保证档案收集工作的有效性和效率。

（1）确定档案的来源。企业档案的来源主要是企业的各个部门和职能单位。这些部门和单位在日常工作中产生的文件、记录和数据，都是潜在的档案，如人事部门的员工档案、财务部门的财务报表、市场部门的市场调研报告等。企业的领导、员工和合作伙伴也可能产生档案，如会议记录、电子邮件、社交媒体帖子等。

（2）识别档案的类别。企业档案有多种类别，包括纸质档案、电子档案、图像档案、音频档案等。这些档案需要不同的收集方法和工具。例如，纸质档案需要人工收集和整理，而电子档案需要使用专门的软件进行自动收集和处理。

（3）把控档案的质量。档案的质量对于档案的后续利用有着重要影响。在收集档案时，企业需要确保档案的完整性和真实性。完整性意味着档案应当包含所有的相关信息，没有遗漏；真实性意味着档案应当真实反映事物的发生和发展情况，没有篡改。

（4）制定档案的收集策略。企业需要根据自身的实际情况，制定合适的档案收集策略。档案收集策略包括确定档案收集的频率、时间、方式等；选择档案收集的目标、范围、深度等；考虑档案收集的资源、人力、技术等。档案收集策略应当是灵活的，能够根据企业的变化和需求进行调整。

档案收集是一个复杂的过程，需要企业有明确的目标、合适的策略、有效的方法以及专业的人员。只有这样，才能保证档案收集的质量和效率，为企业的发展提供有力的信息支持。

2. 档案整理

档案整理是档案管理工作的一个关键环节，这一过程涉及档案的清点、鉴定、标记和装订，旨在保障档案的完整性、可读性、可查性和可用性，进一步提升档案的价值。档案整理是一个系统性、细致性的工作，档案管理员必须具备专业知识、技能和责任心。有效的档案整理可以使档案在满足管理要求的同时，最大限度地发挥其信息价值和历史价值。

（1）档案清点。档案清点是对收集到的档案进行数量统计和完整性核实的过程。在这一过程中，档案管理员需要详细记录每一份档案的编号、类型、来源等信息，检查档案是否有缺页、漏页或者其他损坏情况。这一步骤对于档案的后续管理和使用至关重要，因为只有清晰、准确的档案清单，才能保障档案的有效管理和利用。

（2）档案鉴定。档案鉴定是确定档案保存期限和价值的重要步骤。这一步骤需要依据档案的内容、性质、使用频率等因素以及相关的法律法规和政策，判断档案的行政价值、法律价值、经济价值和历史价值。通过归类鉴定，企业可以确定哪些档案需要长期保存，哪些档案可以定期销毁，从而实现档案资源的合理配置和有效利用。

（3）档案标记。档案标记是对档案进行识别和分类的过程，主要包括对档案的编号、题名、日期、页码等信息进行标注。这些信息是档案检索的关键，能够帮助用户快速、准确地找到所需的档案。标记也可以包括一些特殊的标志（如“保密”“重要”等），以便企业进行特殊管理。

（4）档案装订。档案装订是将档案以一定的顺序和方式进行整理、保护的过程。装订的方式有很多种，如使用档案袋、档案盒、档案册等装订。装订的目的是保护档案的完整性，防止档案的磨损、污染和丢失，也方便档案的储存、搬运和使用。

3. 档案分类

档案分类是档案管理工作的一个重要环节，它将收集、整理好的档案按照一定的规则或标准进行分组，提高档案的可查性和可用性。这个过程需要根据企业的具体情况，制定出简洁、科学、灵活的分类体系。

（1）档案分类的原则。进行档案分类应遵循以下原则。

①一致性原则：对同一类档案，无论何时、何地，都应该使用相同的分类方式和分类号，确保其在整个企业的唯一性和统一性。

②灵活性原则：分类体系应具备一定的灵活性，能够适应企业业务的变化和发展，及时进行调整和改进。

③实用性原则：分类体系应以实际需求为导向，注重档案的实用性，便于档案的查找和利用。

（2）档案分类的方式。常见的档案分类方式主要有以下几种。

①按产生部门分类：这是一种常见的分类方式，可以清晰地反映出档案的来源和责任单位。按这种方式分类，可以将档案分为人事部门的档案、财务部门的档案、生产部门的档案等。

②按档案类型分类：根据档案的形式和内容，可以将档案分为会议记录、报告、通信、财务报表等。这种分类方式便于识别和处理同一类型的档案。

③按业务流程分类：根据企业的业务流程，可以将档案按照业务的发生顺序（如项目开发、生产、销售、售后服务等）进行分类。这种分类方式有助于理解和追踪业务的全过程。

（3）分类的实施。实施档案分类应注意以下几点要求。

①制定分类体系：根据企业的具体情况和需求，制定出合适的档案分类体系，并以书面的形式公布，使全体员工都能理解和遵守。

②进行分类培训：对档案管理人员进行分类知识和技能的培训，确保他们能够正确、有效地进行档案分类。

③监督和评估：定期对档案分类的效果进行监督和评估，发现问题并及时调整和改进。

（二）档案的存储与保护

档案的存储与保护是企业档案管理工作的重要组成部分，直接关系到档案的安全性、完整性及可获取性。这方面的工作包括物理档案的存储、电子档案的存储、档案保护以及灾难恢复计划。

1. 物理档案的存储

物理档案的存储需要确保档案的安全，且易于查询和使用。档案应按照分类系统进行整理，并使用适当的存储工具和设施（如文件柜、书架、保险柜等）。物理档案的存储应注意环境条件（包括温度、湿度、光照）等，以防止档案的损坏。

（1）分类和组织。为了方便查找和使用，档案应按照预定的分类系统进行整理，可以根据日期、主题、部门或其他相关因素进行分类。每个文件都应该被清楚地标记，以便企业能够快速地确定其内容。这样可以大大提高检索效率，节省查找文件所需的时间。

（2）存储工具和设施。根据档案的性质和大小，企业可以选择使用文件柜、书架、保险柜等各种存储工具来存储档案。例如，重要或敏感的档案需要在保险柜中存放，以增加安全性；大型图纸或图表需要特殊的存储设备，以防止损坏或失真。

（3）环境控制。档案存储区域的环境应维持在适当的温度和湿度范围内，过高或过低的温度和湿度都可能导致档案的损坏。例如，过高的湿度可能导致纸张发霉，而过低的湿度可能导致纸张变干、脆化。光照也是需要考虑的因素，过强的光线可能导致档案褪色或老化，因此档案室应有足够的遮光设施，避免阳光直射。

（4）安全防范。除了环境因素，档案的安全性也是需要考虑的因素，包括安装防火、防盗系统以及对进入档案区域的人员进行严格的控制和监督。

2. 电子档案的存储

随着信息技术的发展，电子档案的存储越来越重要。电子档案的存储不仅需要具备合适的硬件（如服务器、硬盘等）和软件（如数据库管理系统、内容管理系统等），还应遵循一定的标准和规范，以保证数据的一致性和可用性。

电子档案的存储依赖于稳定可靠的硬件设备，企业应根据自身需求和预算选择适当的存储硬件，同时保证硬件设备的安全性，如在防火、防水、防盗等方面采取必要措施。电子档案的管理和存储还需要有合适的软件系统，这些软件能够帮助企业更有效地存储、检索、更新和管理电子档案。此外，企业也可以选择自主开发或购买第三方软件产品。

电子档案的存储应遵循一定的标准和规范，如文件命名、文件格式、元数据标准等。遵循这些标准和规范可以确保档案在不同系统和平台之间具有可移植性和互操作性。

随着云计算技术的发展，越来越多的企业选择将电子档案存储在云端。云存储提供了高度可扩展的存储空间以及方便的数据访问和共享功能。企业在选择云存储时，应注意数据的安全性、合规性和隐私性问题。

3. 档案保护

档案保护是为了防止档案的丢失、损坏和非法访问。物理档案可以采取加锁或设置防火、防水、防虫害等措施；电子档案可以采取数据加密、访问控制、防病毒等技术手段。此外，企业还应进行定期的档案检查和维护，及时发现问题并处理。

（1）物理档案保护。物理档案的存储环境需要维持在适当的温度、湿度和光照水平，以防止档案的自然老化和损坏，一些特殊的档案（如照片等）可能需要特定的环境条件进行存储和保护。物理档案应妥善存放在锁定的设施中，以防止未经授权的访问和盗窃。存储区域应配备防火、防水、防虫害等设施，以应对可能的灾害或意外事件。企业应定期检查档案的状况，及时发现问题并处理。例如，如果发现档案有发霉、破损等迹象，企业应立即采取修复或更换等措施。

（2）电子档案保护。电子档案应通过加密技术来保护，以防止数据在传输和存储过程中被非法访问或篡改。企业应实施严格的访问控制策略，确保只有授权人员可以访问和修改电子档案，并制定和执行定期的数据备份策略，以防止数据丢失或损坏。企业应确保能够快速恢复数据，以应对可能的硬件故障或灾难事件，还要安装和更新防病毒和防恶意软件程序，以保护电子档案免受病毒和恶意软件的攻击。企业还应实施数据审计和监控措施，以检测并防止非法访问和内部滥用。例如，企业可以记录并审查访问电子档案的活动，如果发现任何异常或可疑的行为，应立即进行调查。

4. 灾难恢复计划

（1）灾难恢复计划概念。

任何企业都可能遭遇火灾、洪水、地震等自然灾害或者网络攻击、数据丢失等技术问题，这些都可能导致档案的损失，因此企业应该制订灾难恢复计划。灾难恢复计划是一种预防和恢复机制，以保护企业在面临自然或人为灾难时，其重要数据和运营能力不受损失或最小化损失。

（2）灾难恢复计划的步骤。

①灾难风险评估。企业需要进行灾难风险评估，以确定可能遭受的灾难类型（如火灾、洪水、地震、网络攻击等）以及这些灾难可能对企业造成的影响。灾难风险评估需要评估企业的地理位置、建筑物结构、IT 系统的复杂性以及其他相关因素。

②确定重要性和优先级。企业需要确定哪些业务和数据是关键的，在恢复过程中应该优先恢复。这通常涉及业务影响分析，以确定哪些业务和资源对企业运营最为重要。

③数据备份和存储。企业需要定期备份关键数据，并将备份数据存储在安全的地方。这可能包括在本地的备份，也可能包括在远程数据中心或云存储服务上的备份，企业应选择适合自身需求的备份策略和工具。

④应急响应计划。企业需要制订应急响应计划，以确定在灾难发生时应采取的步骤，包括启动备用设备、迁移至备用数据中心、启动备份系统等。

⑤恢复策略和程序。企业需要制定明确的恢复策略和程序，以指导恢复工作的进行，包括如何从备份中恢复数据、如何重建系统、如何恢复业务运营等步骤。

⑥定期进行灾难训练和测试。通过定期进行的灾难恢复训练，企业可以确保员工了解灾难恢复计划，并能在实际灾难中有效地执行。测试可以帮助企业发现和修正计划中的缺陷和不足。

⑦计划的审查和更新。由于企业的业务和技术环境会随着时间变化，因此企业需要定期审查和更新灾难恢复计划，以确保其始终适应当前的业务需求和技术环境。

（三）档案的利用与服务

企业档案管理工作的最终目标不只是为了收集和保存档案，更重要的是使档案能够被有效地利用，为企业的决策提供信息支持，为企业的运营提供服务。这方面的工作包括档案检索系统的建立、档案服务的提供以及档案利用的策略制定。档案的利用与服务是企业档案管理工作的重要目标和价值所在。只有使档案真正发挥出其应有的作用，企业档案管理工作才能得到认可，才能真正为企业的发展做出贡献。

1. 档案检索系统的建立

无论是物理档案还是电子档案，有效的检索系统都是其能够被有效利用的基础。物理档案需要建立详细的目录和索引，使用户能够快速找到所需的档案；电子档案需要建立电子检索系统，通过关键词搜索、全文搜索等功能，使用户能够在大量的数据中迅速找到所需的信息。

2. 档案服务的提供

企业档案管理部门不仅是档案的管理者，还是档案服务的提供者。档案服务包括为企业内部的各个部门提供档案查询、复制、借阅等服务；为企业的领导提供决策支持，如提供历史数据、分析报告等；为企业的员工提供培训，提高他们的档案利用能力。

3. 档案利用的策略制定

企业应该根据自身的实际情况和需求，制定档案利用的策略，包括确定档案利用的目标、制定档案利用的规程、评估档案利用的效果等。企业还应该注意档案利用的合规性，确保在满足企业需求的同时，遵守相关的法律法规。

在档案的利用与服务中，理论与实践相结合是非常重要的。在理论方面，档案管理学提供了许多有用的理论和方法，可以为企业档案的利用与服务提供指导。在实践方面，由于每个企业的具体情况都是不同的，所以企业需要根据自身的实际情况，灵活应用这些理论和方法，不断进行创新和改进。

二、企业档案管理工作的基本准则

企业档案管理工作需要遵守一定的基本准则和标准，以确保档案的安全性、完整性和可获取性。这些准则和标准可以从国内外的相关法规、行业规定以及企业内部的管理规定等方面来确定。

（一）国内外档案管理工作的相关标准

1. 国内档案管理工作的相关标准

在我国，档案管理工作的相关标准主要由国家档案局等相关政府部门制定。这些标准包括《中华人民共和国档案法》《企业档案工作规范》等。这些标准规定了档案的定义、分类、收集、保存、利用、保护等方面的基本原则和方法。

除了上述标准，我国档案管理工作的相关标准还包括一些行业性的档案管理标准。例如，医疗卫生行业的病历管理、金融行业的客户数据管理等，这些都有具体的档案管理要求。

2. 国际档案管理工作的相关标准

国际上，ISO（国际标准化组织）制定了一系列与档案管理相关的标准，如 ISO 15489《信息与文献——文件管理》、ISO 30300《信息与文献——文件管理体系》等。这些标准为全球范围内的企业提供了一套统一的档案管理方法和原则。

在美国，NARA（美国国家档案和记录管理局）制定了一系列的档案管理标准和规定，如《联邦机构档案管理规定》等。在欧洲，EAD（欧洲档案描述标准）是一个被广泛接受的描述档案和其他类似资源的标准。

国内外档案管理工作的相关标准为企业档案管理提供了基本准则和方法，企业应当根据自己的实际情况，选择并遵守相应的标准，以确保档案管理工作的有效性和合规性。

（二）企业档案管理工作的专业准则

企业档案管理工作的专业准则是指在档案管理实践中形成的、被广大档案工作者普遍认可和遵守的行为规范。这些规范能够帮助企业有效地组织、保存、利用和保护档案，支持企业的决策、运营和合规性。

1. 完整性准则

档案应当完整无损，真实反映事物的发展过程。这需要企业在收集、处理和保存档案时，保证档案的完整性和真实性。企业可以建立和执行一套标准化的档案收集程序，以确保所有相关的信息都被包含在内；在对档案进行数字化处理时，企业应确保数字化版本能够准确反映原始档案的内容；在对档案进行保存时，企业应使用适当的物理和电子存储设施，设置适当的环境条件，实施有效的安全措施等；关于档案的访问，企业应实施严格的控制策略，防止未经授权的人员修改或删除档案；企业应记录并审查访问活动，以检测和防止可能的威胁；企业还应定期进行档案审计，以检查档案的完整性。如果发现任何损坏或丢失的档案，企业应立即采取措施进行修复或恢复。

2. 持久性准则

档案应当能够长期保存，并且在需要时可以被检索和使用。这需要企业使用适当的保存方法和技术，如物理条件的控制、电子档案的备份和迁移等。虽然档案需要长期保存，但并不是所有的档案都需要长期保存。企业需要制定一套档案更新和淘汰策略，以决定哪些档案需要保留，哪些档案可以淘汰，这需要考虑到档案的价值、法律要求、存储成本等因素。

3. 可获取性准则

档案应当被有效地检索和使用。这需要企业建立有效的检索系统、提供方便的档案服务以及制定合理的档案使用策略。档案的可获取性准则并不是所有档案可以被所有人获取，企业需要制定一套合理的档案使用策略，以决定谁可以访问档案、可以访问哪些档案以及如何访问档案，这些需要建立在企业信息安全、隐私保护和法律责任的基础之上。

4. 安全性准则

档案应当被有效地保护起来，以防止丢失、损坏和非法访问。这需要企业实施物理和技术的保护措施，如加锁、数据加密、访问控制等。

5. 合规性准则

档案管理应当遵守相关的法律法规和标准，如隐私权、版权、数据保护等。这需要企业了解和遵守相关的法律法规，进行合规性的审查和风险管理。

6. 持续改进准则

档案管理应当不断进行改进，以适应环境的变化和发展。这需要企业进行档案管理的评估和审计，了解档案管理的现状和问题，制定和实施改进计划。

上述这些专业准则为企业档案管理工作提供了行为指南，但是它们并不是固定不变的，企业需要根据实际情况、社会环境的变化、技术的发展等因素进行调整和更新。

第三节 企业档案管理工作的组织与管理

企业档案管理工作的组织与管理是一个涉及多个层面的复杂过程，在确保企业档案管理工作的有效性与效率方面起到了至关重要的作用。

一、企业档案管理工作的组织形式

（一）企业档案管理工作的组织结构设定

企业档案管理工作的组织结构设定是一个基础性问题。企业需要设立专门的档案管理部门，负责档案的收集、处理、保存和利用等工作。这个部门的设置需要根据企业的规模、性质和需求来决定。对于大型企业来说，它们可以设立一个专门的档案管理部门，由专职人员负责档案管理工作。对于中小型企业来说，它们可以将档案管理作为其他职能部门（如行政部门或IT部门）的附加职责。无论是大型企业还是中小型企业，都需要确保有足够的人力和资源来完成档案管理工作。此外，企业还需要建立一套有效的组织结构和流程，以便于协调各个部门的档案管理工作，确保档案的一致性和完整性。

在企业档案管理工作的实践中，不同的企业可能会选择不同的组织结构设定，这取决于企业的具体情况和需求。以某机械厂为例，该机械厂采用了一个独特的组织模式，该厂的技术文件管理和企业档案管理被明确地分开，各自由不同的部门负责，总资料站（或称为“底图室”）负责技术文件的收发、入库管理、分发、修改等业务，档案室则负责管理全厂的企业档案（除人事档案以外），并参与设备开箱、基建工程竣工验收、科研项目鉴定等活动。该机械厂的这种组织结构体现了技术文件管理和企业档案管理的不同特性和功能，保证了各自的专业性和效率，但这并不意味着这种组织结构就适用于所有的企业。每个企业都有自身的特性和需求，因此企业需要根据自身的情况来设计和选择最适合自己的档案管理组织模式。这不仅涉及文件和档案的价值体现，也影响到企业档案管理流程的设计和实施。

在进行企业档案管理工作的组织结构设定时，企业通常可以采取两种方式:“文档合一”模式和“文档分置”模式。

1.“文档合一”模式

在“文档合一”模式中，企业将技术文件管理和档案管理合并在同一个部门，这个部门通常被称为“档案资料室”。在这种组织模式中，档案工作人员不仅负责档案管理业务，也承担技术文件的收发、底图和蓝图管理等文件管理业务。尽管这种模式能够有效地集中资源和力量，但也可能导致文件管理和档案管理的功能和程序混淆。因此，在这种模式中，企业需要明确区分文件管理和档案管理的业务，避免二者的主线相互缠绕。

2.“文档分置”模式

在“文档分置”模式中，企业将技术文件管理和档案管理分给两个相互独立的部门来承担。例如，资料室负责技术文件的管理，如底图和蓝图的晒印、分发和修改等；档案室则负责全厂的档案管理，如归档、整理、保管和利用等。这种模式能够更好地区分文件管理和档案管理的职能，提高各自的专业性和效率。两个部门也可以在业务上相互协调和配合，以实现企业档案管理的整体效益。

上述两种模式都有其优点和局限性，企业在选择时需要根据自身的具体情况和需求进行权衡。无论采取何种模式，企业都需要对其档案管理的组织结构和流程进行定期的评估和调整，以适应企业的发展和变化，提高档案管理工作的效率和效果。

（二）企业档案工作人员的培训

企业档案工作人员的培训也是非常重要的一项工作。档案管理需要专业知识和技能，因此企业需要对档案工作人员进行专门的培训，提供他们需要的知识和技能，培养他们的业务能力和创新能力。

1. 知识和技能的培训

在知识经济时代，档案工作人员的知识和技能需要定期更新和升级，以保持自己在职业生涯中的竞争力。因此，培训应当关注知识和技能的更新。新知识、新领域、新成果、新产品的不断涌现，使各学科之间的关联性增强，学习成了一种基本需求。

档案工作人员需要成为“T”型人才，这意味着他们在某一专业领域有深厚的知识和技能（纵向），同时具备一般文化知识和边缘知识（横向）。这是因为现代的档案工作涉及多种学科领域（如科技、会计、设备、文书、人事等），档案工作人员需要具备足够的知识和技能，以处理和管理这些不同类型的档案。例如，在设备档案管理中，档案工作人员需要知道本单位有哪些设备以及各种设备的购置时间、生产厂家、基本功能、零部件数量、使用期限等，这就需要他们具备一定的设备知识。因此，企业管理者不仅要重视员工在本专业知识领域的深度，还要注重他们在其他专业知识方面的广度。

在进行档案工作人员的知识和技能培训时，企业可以采取多种方式。例如，对于优秀的员工，企业可以选择送他们去学校深造，吸取新知识，掌握新技能；对于大多数普通员工，企业可以采取请教师讲课的方式，拓宽员工的知识面。这样的培训旨在帮助档案工作人员成为“多面手”，更好地为企业的生产和经营服务。

2. 业务能力的培训

业务能力的培训是档案工作人员培训的重要组成部分，这种培训强调对实际工作技能的掌握和提升，从而使档案工作人员能够更有效地完成工作任务。

业务能力的培训涉及对企业档案管理的规章制度的理解和执行，档案管理目标的落实，档案的收集、鉴定、分类、整理、立卷、保管等各环节的技能训练。档案的利用服务（包括档案查阅的准确率、查全率和调档速度）、档案管理的信息化程度和档案信息资源的开发利用，也是业务能力培训的重要内容。

为提高档案工作人员的业务能力，企业可以采取全面培训和单项培训的方法。全面培训的目标是让员工全面掌握档案管理的知识和要求，包括学习档案管理的相关规章制度，掌握档案的收集、整理、立卷的要求，探讨档案利用的方法，学习利用现代化手段进行档案管理的方法。单项培训也叫“单元”培训，更加具有针对性。单项培训是根据不同类型和不同对象进行不同内容的培训，如进修班、研讨会、学术交流会、专项考察、现场操作示范、经验交流等。单项培训的主要特点是内容新、见效快，可以查漏补缺。

无论是全面培训还是单项培训，都是为了提升档案工作人员的业务能力，提高他们的工作效率和质量。企业需要根据实际情况和需求，制订合适的培训计划，确保档案工作人员能够接受有效的培训，不断提升自己的业务能力。

3. 创新能力的培训

创新能力的培训也是档案工作人员培训的重要部分，其目的是激发和提升员工的创新思维和解决问题的能力。这种培训对于提高档案管理工作的效率和质量以及实现档案管理工作的现代化和信息化具有重要意义。

创新能力并非天生的，而是可以通过教育和训练得到提高。企业档案工作人员往往具有一定的知识储备和丰富的工作经验，这使他们有能力在较高的层次上结合理论与实践。然而，由于档案工作人员的人生经验和固定的思维模式以及档案工作的简单性和固定性，他们的创新能力可能会受到限制。因此，企业需要对档案工作人员进行创新能力的培训。

创新能力培训的方法包括冒险性学习、团队培训和行动学习等。冒险性学习可以帮助员工打破思维的限制，提高他们的创新思维和解决问题的能力。团队培训可以增强员工之间的沟通和合作，提高他们的团队协作能力。行动学习可以让员工在实际工作中学习和提升自己的知识和技能。

创新能力培训的目标是帮助员工打破原有的思维模式和行为方式，改变他们的行为习惯。这可以使档案管理工作与其他部门更紧密地联系在一起，更好地为企业的建设服务。通过这种培训，企业可以培养出具有创新思维和高效解决问题能力的档案工作人员，从而提高档案管理工作的效率和质量。

二、企业档案管理工作的管理体系

（一）企业档案管理工作的管理体系的构建

企业档案管理工作的管理体系由“人”“物”“制”三要素构成，是在“物”的保障下，按“制”的准则，通过“人”落实到工作中去，从而保障企业档案管理工作的有序开展。

1. 企业档案管理工作的管理体系中的“人”

“人”是指开展档案管理工作的相关人员和组织，包括领导小组、承担档案管理工作的各部门或专职人员以及整个档案管理工作体系，他们的角色、责任和组织方式直接影响档案管理工作的效率和效果。

企业要建立一个以高层为领导的档案管理工作领导小组。领导小组的存在能够确保档案管理工作的权威性，推动档案管理工作的顺利进行。领导小组成员通常包括企业领导、各职能或承办部门负责人、各项目部门负责人以及档案部门负责人，他们分别对各自职能范围内的档案管理工作负责，共同构成企业档案管理工作的领导体系。

企业应根据自身规模和管理模式，设置专门的档案管理机构或指定负责档案管理工作的专职人员。这些机构和专职人员负责档案的收集、整理、保存和利用，是档案管理工作的主要执行者。

企业应配备与企业研发、生产、经营和管理相适应的专职档案人员。这些人员的技能和专业知识对于档案管理工作的顺利进行至关重要。为了保证档案管理工作的连续性和稳定性，企业应尽量保持档案工作人员的稳定。

企业还应建立以档案部门为核心，各职能或承办部门、各项目专职或兼职档案人员为基础的企业档案管理工作体系。这个体系能够将企业的档案管理工作有机地联系起来，实现档案管理工作的协调和统一。

2. 企业档案管理工作的管理体系中的"物"

"物"是指为开展档案管理工作所需的物质条件，包括档案库房、业务技术用房、档案保管装具、保护设备和技术设备等。这些物质条件是实现有效档案管理工作的基础设施和工具。

（1）档案库房是档案保管的基本条件，其设计、选址和管理直接影响到档案的安全与保护。档案库房应远离易燃、易爆物品以及可能存在安全隐患的水源、火源等地方。对于没有特殊保护装置的场所，通常不建议设置在地下或顶层。库房面积应能满足档案管理工作发展的需求，预留必要的存储空间。

（2）业务技术用房应能满足档案接收、整理、修复等工作的实际需要，包括接收室、整理室、修复室、数字化室、缩微室以及安全监控室等。此外，阅览室和陈列室是档案公开利用的重要场所，应设置在靠近档案办公室和库房的安静环境中。

（3）档案保管装具（如档案柜架等）应具有防火、防盗、防尘功能，并根据非纸质载体档案的需要选择具有专用保护功能的柜架。所有装具的规格、式样和质量应符合国家相关标准。

（4）保护设备是保证档案安全的重要工具，包括温湿度监控设备、灭火器材、防光窗帘、防盗窗等。有条件的企业应配置自动报警、自动灭火、温湿度自动调控、监控等设备。

（5）技术设备是档案管理工作的重要辅助工具，包括档案整理所需的装订机、打印机，档案修复、利用所需的数码照相机、摄像机、复印机、阅读机，信息化管理所需的计算机、服务器、扫描仪、光盘刻录机等。

3. 企业档案管理工作的管理体系中的"制"

"制"，即制度，是规范企业档案管理工作的基本规则和程序。制度的建设是企业档案管理体系的重要组成部分，包括档案管理制度、档案质量管理制度、档案安全管理制度、档案信息管理制度、档案工作责任制度、档案法律法规制度。

档案管理制度对档案的保管、使用、处置、审计等进行规定，包括档案分类、编号、登记、借阅、保管、移交、销毁等制度；档案质量管理制度明确了档案质量的标准和要求，对档案的制作、保管、利用等环节进行规范和控制，确保档案的真实性、完整性和可用性；档案安全管理制度规定档案的安全措施，包括防火、防盗、防虫、防潮、防霉、防磁、防静电、防辐射等，确保档案的安全；档案信息管理制度对档案信息的收集、整理、存储、检索、发布、交换、共享等进行规定，保证档案信息的高效管理和利用；档案工作责任制度明确档案管理工作的职责和权利，规定档案管理工作的职务责任、责任追究等；档案法律法规制度对档案管理工作的法律法规进行规定，包括遵守国家和地方的档案法律法规，对违法违规的档案行为进行处罚。制度的建立和完善，是推动企业档案管理工作规范化、制度化的重要手段，也是提高档案管理工作效率和服务质量的关键。

（二）企业档案管理工作的管理体系的运行

企业档案管理工作的管理体系的运行是一个系统化、科学化的过程，需要引入有效的管理原则和理念，以实现档案的高效管理和利用。

1. 全员参与

“领导重视、全员参与”模式是确保企业档案管理工作的管理体系有效运行的重要前提。档案管理工作不仅是档案部门的职责，也是每个部门和每个员工的责任。企业领导需要将档案管理工作纳入企业的发展规划和工作计划，为档案管理工作的持续发展提供保障。各职能部门和项目负责人需要对本部门和项目文件的完整、准确负责。而档案部门需要负责指导企业各部门和项目文件材料的形成、积累、整理和归档工作。

2. PDCA

PDCA，即计划（Plan）—实施（Do）—检查（Check）—处置（Action）循环理念，由美国质量管理专家沃特·阿曼德·休哈特（Walter A. Shewhart）首先提出，由戴明采纳、宣传，获得普及，所以又称“戴明环”。PDCA 可以应用到企业档案管理工作的管理体系的运行上，从而推动企业档案管理工作的持续改进与发展。在计划阶段，企业需要明确档案管理工作的目标和计划，如“收得齐”“管得好”“用得上”。在实施阶段，企业需要依托企业档案管理工作的管理体系，按照档案管理工作的计划或目标实施。在检查阶段，企业需要对实施的结果与计划进行对比，确认是否达成预定的计划或目标。在处置阶段，企业需要对检查结果进行甄别，对成功的经验进行肯定和推广，对失败的方面进行总结和改进。通过持续的 PDCA 循环，企业可以不断地发现和解决档案管理工作中的问题，不断提高档案管理工作的效率和质量，从而更好地服务于企业的改革与发展。

3. 信息管理系统

企业档案信息管理系统对于实现档案的高效存储、检索、利用、保护和监控具有重要的作用。档案信息管理系统的运行涉及系统设计、数据采集、信息存储与信息处理、信息检索与信息分发、系统维护等方面。

（1）系统设计是档案信息管理系统运行的基础，需要充分考虑企业的业务需求、档案类型和数量、用户需求、技术可行性和经济可行性等因素。系统设计应实现档案的整理、分类、编目、存储、检索、利用、安全保护等功能，并具有良好的用户交互界面和易用性。

（2）数据采集是档案信息管理系统的输入环节，包括档案的物理收集、数字化处理和元数据创建等步骤。企业需要建立一套完整的数据采集流程，并配备相应的设备和人员。

（3）信息存储与信息处理是档案信息管理系统的核心环节。信息存储需要考虑数据的安全性、可用性和持久性，选择适合的存储媒介和格式。信息处理包括数据清洗、格式转换、数据挖掘等步骤，需要配备相应的硬件和软件资源。

（4）信息检索与信息分发是档案信息管理系统的输出环节。信息检索需要实现对档案的精确检索和高效检索，提供多种检索方式和检索工具。信息分发需要保证信息的准确、及时和安全，满足用户的信息需求。

（5）系统维护是保证档案信息管理系统正常运行的关键环节，包括硬件维护、软件维护、数据备份和恢复、安全防护等任务。企业需要建立一套完整的系统维护流程，并定期进行系统审计和评估。

（三）企业档案管理工作的审计

企业档案管理工作的审计不仅关乎企业运营的有效性，还关乎企业的合规性、风险管理以及长期发展战略。审计的内容包括档案的收集、保存、使用、销毁等过程是否符合企业的政策和相关的法规，信息安全控制措施是否有效，员工是否了解并遵守档案管理工作的规定等。审计结果不仅可以帮助企业及时发现并纠正问题，也可以为改进档案管理工作的管理体系提供依据。

1. 档案的完整性是审计质量的基础

在审计过程中，如果相关的信息资料缺失或不完整，审计结果的准确性和可靠性就会受到质疑。因此，审计人员需要具备敏锐的洞察力和严谨的工作态度，以确保收集到的档案资料的完整性和准确性。审计人员还需要对档案管理过程提出建设性的意见和建议，以改进档案管理体系，避免信息资料的遗漏和混乱。

2. 合规性是审计工作的核心

审计人员需要具备专业的法律知识和实践经验，以判断档案资料是否符合相关的法规和规章制度。例如，合同是否双方签字，财务报表是否符合会计准则，个人数据是否符合数据保护法等。审计人员还需要了解企业的内部控制和风险管理机制，以评估这些机制能否有效防止违规行为的发生。

3. 检查档案管理工作的一致性

所有的员工都需要遵守相同的档案管理规定，以确保档案的统一和规范。审计人员在审计过程中，不仅要检查档案的管理工作是否一致，还要通过审计结果的反馈，推动档案管理工作的改进和优化，形成良好的档案管理文化。

4. 管理电子档案的安全性

随着信息技术的发展，电子档案的管理日益重要。企业需要考虑如何有效保护电子档案的安全，防止数据的丢失、篡改和泄露。审计人员需要具备信息安全知识，以评估企业的电子档案管理是否安全，并提出改进建议。

5. 利用信息化技术提升审计效率

信息化技术为审计工作提供了新的可能性。通过使用先进的信息系统，审计人员可以提高工作效率和审计质量，实现全面审计，甚至实时审计。这不仅可以为企业节省大量的资源，还可以帮助企业更好地预防和控制风险。

第二章

企业档案信息化及其高质量发展

第一节　企业档案信息化概述

一、企业档案信息化的历史背景与发展趋势

（一）企业档案信息化发展的历史背景

在过去的几十年间，以信息技术为核心的高新技术迅猛发展，深刻地影响着人们的工作、学习和生活，变革着整个社会时代，推动着整个社会的进步。在未来很长一段时间内，信息化依然是社会发展的趋势，信息化的大潮势不可当。企业档案信息化是顺应时代发展的必然选择，也是实施档案事业跨越式发展的必要阶段。

1. 社会信息化的推动

在社会信息化的推动下，企业档案信息化发展已成为一种必然趋势。信息技术的广泛应用已经深深地影响了人类的各类社会活动，包括工作、消费、教育、医疗、家庭生活、文化娱乐等。在这一背景下，档案信息化建设被视为顺应时代发展的必然选择。

档案信息资源的开发与利用是档案信息化的关键。在社会信息化的背景下，各种档案信息经由公共信息通道实现了互联互通，满足了多用户在不同时间和地点对档案信息的广泛而有效的利用需求。这种需求建立在对档案信息资源开发的基础之上。这一过程把档案视为一种国家战略性资源来开发，目的是实现档案信息资源的开发规模化、传递网络化、利用社会化。

档案信息化的实现在于全面应用现代信息技术，对档案信息资源进行有效的处置和管理，并提供服务。这意味着档案管理模式从以面向档案实体保管为重点，向以面向社会提供档案信息服务为重点的转变。在这个过程中，档案事业成了一项动态系统工程，需要在档案行政管理部门的统一规划和组织下，全面利用现代信息技术。

2. 档案管理现代化的选择

在信息化时代的背景下，档案管理面临着前所未有的挑战。从 20 世纪 80 年代开始，随着科技的飞速发展，尤其是电子技术的广泛应用，电子文件的产生和增长已经大大超出了传统档案管理方式的处理能力，这一现象使档案管理现代化成为一个必然的选择。

档案信息化与档案管理现代化是密不可分的。档案管理现代化是档案信息化的目标，也是其推动力。只有完成信息化，档案管理工作才能真正实现现代化。这意味着档案管理工作需要从对档案实体的管理转向对档案信息的管理，从满足单一的保管需求转向满足多元化的信息服务需求。这种转变既是对信息化时代的适应，也是对社会信息化发展需求的回应。

档案信息化被视为实现档案管理现代化的关键。信息化不仅能够提高档案管理的效率，还能够使档案管理更加规范和透明。信息化技术可以将各种档案信息进行数字化处理，实现档案信息的存储、检索、利用和共享，满足社会和企业对档案信息的多样化需求。

在过去的档案管理工作中，由于技术的限制，档案的保管和利用常常存在诸多问题。例如，传统的档案管理方式往往难以保证档案的安全和完整，而且档案的检索和利用也存在一定的困难。档案信息化则可以通过数字化技术，解决这些问题，提高档案管理的质量和效率。

3. 档案事业和企业发展的需要

档案信息化是推动档案事业发展的重要手段。1996—2000年，我国档案事业取得了显著的成就，为21世纪初全国档案事业的发展奠定了良好的基础。然而，面对科学技术的迅猛发展，如何进一步推动档案事业的发展，使其更好地服务于社会，成了新的课题。档案信息化被视为实现这一目标的重要手段。2001—2005年，档案信息化被确定为我国现代化建设发展的重要战略举措，这体现了我国对档案事业发展的高度重视和坚定决心。

随着全球化和市场经济的发展，企业之间的竞争越来越激烈。在这种情况下，企业需要通过提高信息处理能力和决策效率，以应对竞争压力。这也推动了企业档案信息化的发展。近年来，各国政府对企业信息管理的要求越来越高，包括数据保护、信息安全等方面。这些变化促使企业重视档案信息化，以满足法规要求。而大数据、云计算和人工智能等新一代信息技术的发展，为企业档案信息化高质量的发展提供了新的可能性。这些技术使企业能够更好地管理和利用档案信息，提高企业的竞争力。

（二）企业档案信息化的发展趋势

1. 数字化与智能化

随着信息科技的飞速发展，企业档案信息化的趋势也在持续推进，特别是大数据、云计算和人工智能等新一代信息技术的蓬勃发展，推动了企业档案信息化向数字化、智能化方向发展。

数字化是企业档案信息化的基础，主要包括将传统纸质档案转化为电子格式以及将电子文件进行整理、分类和归档。通过数字化，企业可以将大量的档案信息进行有效的存储和管理。数字化的档案信息更便于查询和检索，大大提高了档案的使用效率。数字化还有利于档案的长期保存，避免了纸质档案容易损坏的问题。在未来，随着技术的进一步发展，数字化将进一步提高档案管理工作的效率和质量。

智能化是企业档案信息化的发展方向。随着人工智能技术的发展，企业已经能够使用智能化的工具和方法进行档案管理工作。例如，通过使用机器学习算法，企业可以自动进行档案的分类和标记，大大提高了档案管理工作的效率；通过使用自然语言处理技术，企业可以实现对档案内容的深度理解和智能检索，提高了档案的使用效果；通过使用预测分析技术，企业可以对档案信息进行深度挖掘，从而为决策提供支持。在未来，随着人工智能技术的不断进步，智能化将成为企业档案管理工作的重要手段。

2. 全面化与集成化

企业档案信息化不只限于单一的档案管理，而是整合各种业务流程，全面管理企业的信息资源。这种全面化与集成化的趋势可以使企业实现信息共享，提高决策效率。

全面化是指企业档案信息化应覆盖企业所有的业务流程和管理活动，涉及企业的各个层次和各个部门，不仅包括内部的文件资料，还包括与外部相关的各种信息。因此，企业档案信息化是档案管理的工具，也是企业决策的基础，更是企业运行的重要支撑。全面化的企业档案信息化能够帮助企业建立全面、统一、准确的信息资源库，提供全面、及时、准确的信息服务，支持企业的决策和运营。

集成化是指企业档案信息化要与企业的其他信息系统紧密结合，实现信息资源的共享和联动，形成企业的统一信息平台。这需要企业在技术层面实现系统间的互联互通，在数据层面实现数据的一致性，在应用层面实现业务流程的整合。集成化的企业档案信息化能够消除信息，打破信息壁垒，实现信息的流动和共享，提高信息的利用效率，支持企业的协同工作和决策。

全面化与集成化的企业档案信息化需要企业有清晰的信息化战略，投入必要的资源（包括人力资源、技术资源和财务资源），建立健全的信息化管理机制（包括信息安全管理、信息质量管理和信息服务管理）。只有这样，企业档案信息化才能真正发挥其应有的作用，为企业创造更大的价值。

3. 分布式存储与云化

随着云计算技术的应用，企业档案信息化发展向分布式存储与云化方向发展。分布式存储与云化不仅可以大幅度降低企业的硬件投入，而且可以实现远程访问，提高企业档案信息利用的灵活性和管理性。

分布式存储是指将数据分散存储在不同位置的多个节点上，通过网络将这些节点连接起来，形成一个统一的存储系统。这种存储方式具有高可用、高容错、易扩展等特点，可以有效提高数据的安全性和可用性。对于档案信息化来说，分布式存储不仅可以保证档案信息的持久性和可靠性，还可以提高档案信息的访问性能。

云化是指将档案信息存储在云端，通过云服务提供商提供的云平台进行档案的存储、管理和服务。这种方式不但可以大幅度降低企业的硬件投入和运维成本，还可以实现档案信息的远程访问和共享。更重要的是，云化可以使档案信息化具有更高的灵活性和可扩展性。企业不仅可以根据需要随时增加或减少存储空间，而且可以根据需求随时调整服务。

分布式存储与云化的档案信息化不仅可以改变企业档案管理的方式，也可以改变企业档案服务的方式。企业可以通过云平台提供更加丰富、便捷和个性化的档案服务，满足用户的多样化需求。另外，企业还可以通过云平台对档案信息进行深度挖掘和分析，为企业决策提供支持。

二、信息化对企业档案的影响

（一）信息化对企业档案管理的影响

1. 提高档案管理的效率

在当代社会，信息化技术在企业档案管理中的应用能够提高工作效率。信息化技术，包括数据库管理系统、大数据分析等，都在重新塑造企业对档案管理的理解和实施方式。档案管理不再只是简单的存储和检索，还涉及档案信息的高效存储、快速检索、精准分类和深度利用。

数据库管理系统的应用，使大量档案信息得以有序的存储并且能被迅速查找。相比之下，传统的人工存储方式无法处理如此庞大和复杂的数据。在数据库管理系统中，所有的档案信息都被转化为数据，存储在数据库中。这种数字化的方式不仅可以有效地节省存储空间，也可以通过索引和检索算法快速找到所需的档案信息。数据库管理系统还提供了多用户访问和并发控制的功能，使多个用户可以同时访问同一份档案信息，大大提高了工作效率。

大数据分析不仅可以使企业从大量的档案信息中提取有价值的知识和信息，而且可以对档案信息进行深度分析，挖掘隐藏在数据中的模式、趋势和规律。例如，企业可以通过分析历史销售数据，预测未来的销售趋势；通过分析客户的购买记录，了解客户的购买行为和需求。这些分析结果可以为企业的决策提供强有力的支持，使决策更加科学和精准。

2. 改变管理方式

在信息化的浪潮中，企业档案管理的方式正在经历一场革命性的改变。过去，人力和物理空间是档案管理的主要资源；而现在，计算机和网络技术正在成为新的主导力量。这种转变不仅影响了档案管理的效率，更改变了档案管理的本质和形式。

计算机技术在档案管理中的应用体现在自动化方面。计算机可以进行高速、精确的计算和处理，极大地提高了档案管理的效率。例如，自动化的分类工具可以根据预设的规则和标准，将大量的档案信息自动分类和归档，这种方式不仅比人工更快、更准确，而且可以避免人为的错误和偏差；自动化的检索工具可以快速找到用户所需的档案信息，大大节省了用户的时间和精力。

网络技术在远程访问和协作方面对企业档案管理也有所影响。网络技术打破了时间和空间的限制，使用户可以在任何时间、任何地点访问档案信息。这种方式大大提高了档案信息的可利用性，使企业的档案管理从一个局部的、封闭的过程变成了一个全局的、开放的过程。

智能化工具（如机器学习和人工智能）正在将档案管理推向一个新的阶段。它可以理解和学习档案信息的结构和含义，从而实现自动分析、挖掘和利用档案信息。这种方式不仅提高了档案信息的利用价值，也开启了档案管理的新领域和新可能性。

3. 提高安全性

在信息化时代，档案的安全性问题得到了前所未有的关注。数据泄露、非法窃取和病毒攻击等威胁始终存在，企业档案信息的安全防护工作面临着巨大的压力和挑战。信息化技术可以为企业档案提供强大的安全防护措施（如数据加密、访问控制、防病毒软件等），有效保护档案信息的安全。

数据加密技术在保护档案信息安全方面起着关键的作用。通过对档案信息进行加密，企业可以防止非法用户对信息的窃取和篡改。这不仅能够保护档案信息的机密性，也能够保护档案信息的完整性。数据加密技术的应用，使档案信息在传输或存储过程中即使被非法窃取，也无法被非法用户读取和理解加密后的信息，从而有效地保护了档案信息的安全。

访问控制技术在保护档案信息安全方面起到了重要的作用。通过设置访问权限和认证机制，企业可以确保只有经过授权的用户才能访问特定的档案信息。访问控制技术可以精确地控制用户的访问行为，如用户可以访问哪些档案信息、何时访问、以何种方式访问等。这种方式不仅保护了档案信息的机密性，也防止了用户的非法行为。

防病毒软件等安全防护工具也是企业保护档案信息安全的重要手段。这些工具可以有效地防止病毒和黑客攻击，保护档案信息和档案管理系统的安全。

4. 促进远程工作

云计算和移动互联网等技术的快速发展正逐渐改变企业的工作方式，远程工作的普及和发展成为一种明显的趋势。这种新的工作方式对企业档案管理产生了深远影响，使企业员工可以在任何地点、任何时间访问和处理档案信息，而不用局限于企业工位上，这大大提高了工作的灵活性和效率。

云计算技术为远程工作提供了基础支撑。通过云存储，企业的档案信息可以存储在远程服务器上，员工只需要通过互联网就可以访问这些信息。这种方式不仅避免了本地存储的限制，也大大提高了信息的可获取性和可用性。云计算的弹性计算能力也为处理大规模档案信息提供了可能，使员工可以在任何设备上，随时处理大规模的档案信息。

移动互联网技术则为远程工作提供了便捷的访问途径。通过移动设备（如智能手机和平板电脑），员工可以随时随地访问和处理档案信息，不再受地点和时间的限制。这种方式极大地提高了工作的灵活性，使员工可以更好地平衡工作和生活，提高工作效率。

与此同时，远程工作也带来了诸如信息安全和协作效率等方面的问题。企业需要采取有效的管理策略和技术手段（如加强信息安全保护、优化在线协作工具），以确保远程工作的顺利进行。另外，企业还需要对员工进行相关的培训和指导，帮助员工适应这种新的工作方式，充分发挥远程工作的优势。

（二）信息化对企业档案价值的影响

1. 提高档案的利用价值

企业档案不只是信息的载体，更是企业历史的记录和决策的依据。在信息化的推动下，企业对档案的理解和利用方式正在发生深刻的变化，其中最明显的就是，企业开始更加重视档案的利用价值。例如，企业可以通过信息化技术对档案进行深度挖掘和分析，以获取隐藏在数据背后的宝贵信息。

信息化技术可以帮助企业更有效地管理和利用档案信息。传统的档案管理方式往往依赖于人工操作，需要大量的时间和精力，这在一定程度上限制了档案信息的利用效率。然而，通过信息化技术，企业可以实现档案信息的自动存储、检索和分析，极大地提高了档案信息的利用效率。

信息化技术还可以帮助企业从海量的档案信息中提取有价值的模式和规律。通过数据挖掘、机器学习等高级分析工具，企业可以深度挖掘档案信息，发现隐藏在数据背后的业务趋势、用户行为、市场动态等有价值的信息。这些信息对于企业的决策具有极大的参考价值，可以帮助企业更准确地把握市场趋势，优化业务策略，从而提高竞争优势。

当然，信息化对档案利用价值的提升并不是一蹴而就的。企业需要构建一套完整的档案信息化管理系统，包括数据采集、数据处理、数据分析和数据应用等各个环节。只有这样，企业才能充分发挥档案的价值，实现信息化对档案利用价值的最大提升。

2. 创造新的价值

企业档案蕴含着丰富的数据和信息，这些数据和信息不仅记录了企业的历史，也暗示了未来的发展方向。信息化技术的发展使企业有能力深度挖掘档案中的这些价值，并通过创新的方式将这些价值转化为企业的核心竞争力。

在大数据的背景下，档案已经从简单的信息存储转变为动态的知识创新。大数据技术能够对企业的档案数据进行深度分析，发现隐藏在数据背后的模式和规律。这种数据分析不仅可以帮助企业更好地理解市场和消费者，还可以预测未来的市场趋势和消费者需求。例如，通过分析客户的购买行为和反馈，企业可以发现客户的需求变化，及时调整产品设计和营销策略；通过分析市场的发展趋势，企业可以预见未来的机遇和挑战，提前做好战略规划。

人工智能技术的发展也为企业档案的利用提供了新的可能性。人工智能可以理解和学习复杂的数据模式，使企业可以从档案数据中获取更深层次的有用信息。例如，企业可以利用机器学习算法对档案数据进行智能分析，从而预测未来的产品销量、市场需求等关键指标；企业可以利用自然语言处理技术分析档案中的文本数据，获取对企业决策有用的信息。这些人工智能技术不仅可以提高档案信息的利用效率，也可以帮助企业从档案信息中发现新的商业价值，推动企业的创新和发展。

信息化技术的发展为企业档案创造新的价值不仅体现在提高档案信息的利用效率，还体现在通过档案信息推动企业的创新和发展。随着大数据和人工智能技术的进一步发展，企业档案的价值将会得到更深层次的挖掘和利用。

3. 提升档案的社会价值

在信息化时代，企业档案的价值已经超越了企业的内部管理，其社会价值逐渐凸显出来。一方面，档案是企业历史的见证，是社会历史研究的重要素材；另一方面，档案信息的共享和传播也可以推动产业链的协同效应，提高整个社会的运行效率。

借助信息化技术，企业档案信息可以被更广泛地共享和传播。企业可以通过互联网平台，将档案信息提供给社会公众，这对于学者研究企业发展历程、市场变迁等方面具有重要价值。例如，通过对企业历史档案的研究，学者可以了解到企业的发展策略、市场竞争状况等信息，这对于经济学、社会学、管理学等领域的研究具有重要参考价值。

企业档案信息的共享可以促进产业链的协同效应。在现代经济中，企业之间的联系越来越紧密，产业链的协同效应对于提高整个产业的竞争力具有重要意义。通过共享档案信息，企业可以了解到产业链上下游的需求和供应情况，及时调整自己的生产和营销策略，提高整个产业链的运行效率。例如，供应商可以通过获取企业的采购档案，了解到企业的采购需求和习惯，优化自己的供货策略；企业可以通过共享销售档案，帮助分销商了解市场需求，提高销售效率。

档案信息的共享和传播也可以提升企业的社会责任感和公信力。通过公开档案信息，企业可以向社会展示其经营状况和社会责任，提升公众的信任度。例如，企业可以公开其环保档案，展示其在环保方面的努力和成就，提升其社会形象。

在信息化时代，企业档案的社会价值将进一步提升，成为推动社会进步的重要力量。而如何利用信息化技术，更好地挖掘和利用档案的社会价值，将是未来档案管理的重要任务。

4. 丰富档案的形式和内容

在信息化技术的推动下，企业档案的形式和内容发生了显著变化，由单一形式的纸质档案，逐渐演变为电子文档、图像、音频、视频等多种形式的数字档案。这一转变不仅丰富了档案的表现形式，使档案信息更加直观和生动，也带来了一系列深远的影响。

数字档案赋予了档案全新的生命力。这些档案形式能更生动、直观地记录和展示企业的各类活动和事件。例如，视频档案可以清晰地记录和展示企业产品的开发过程、生产流程等，让观看者如同身临其境；音频档案可以保存企业会议的原声录音，保留更多细节信息。这些数字档案不仅为档案提供了更为丰富的表现手段，也使档案信息的获取和理解更为直观、方便。

数字档案的出现极大地优化了档案的存储、检索和传播。相较于传统的纸质档案，数字档案的存储方式更为便捷、经济，不仅大大减少了存储空间，也避免了纸质档案因环境因素导致的损坏。数字化的检索系统也使档案信息的查找更为迅速、精准。数字档案可以方便地进行复制和传播，大大提高了档案信息的可获取性，使更多人可以方便快捷地获取和使用档案信息。

与此同时，数字档案的发展也给企业档案管理带来了新的挑战，如何有效地管理和利用这些丰富的数字档案、如何保证数字档案的安全和长期保存、如何适应数字档案的法规要求，这些都是需要企业档案管理者认真思考和解决的问题。随着信息化技术的发展，企业档案管理的任务也将更加丰富和复杂，需要企业档案管理者不断学习新的知识和技能，以适应这一发展趋势。

第二节 企业档案信息化的要求及特点

一、企业档案信息化的基本要求

信息技术的广泛应用和发展给档案工作带来了严峻的挑战，传统的档案管理方式和技术手段已无法适应时代发展的需求。办公自动化、文档一体化进程的加快以及计算机网络智能化的进步，使档案信息正以惊人的速度向电子化、数字化、智能化的方向发展。档案管理要想走出困境，适应企业和社会的发展和进步，就必须实现企业档案信息化的转变、建设和高质量的发展。

企业档案信息化是企业统一规划和组织，运用现代信息技术，将传统的纸质档案转变为电子格式，通过网络进行传输和共享，实现档案的收集、存储、管理、检索、利用等全过程的自动化、数字化和智能化。

企业档案信息化不仅包括企业内部的档案管理（如对企业的业务文件、会议记录、内部报告等管理），还包括与外部组织的档案交换和服务（如管理与客户、供应商、政府机构等交互的电子邮件、合同、订单等）。企业档案信息化是企业信息化的一个重要组成部分，对于提高企业的管理效率、保护企业的知识资产、提供企业决策的数据支持、满足企业的合规性要求等方面具有重要意义。

（一）要确保档案信息具有非修改性

在企业档案信息化的过程中，确保档案信息的非修改性是一个关键因素。档案信息的唯一性和凭证性是档案最核心的特征，这就意味着在数字化处理过程中，我们必须确保档案内容的不可修改，即“永久化”。目前，企业对电子文件的归档通常采用将 Word 文档转换为 PDF 格式，使这些档案信息存储后无法被轻易修改。

在对纸质档案进行数字化处理时，我们同样需要保证其内容的不可修改性。常见的做法是采用低像素的图片扫描方式，尽可能真实地还原档案的原始内容，而不是对其进行任何形式的修改或美化。对于照片档案，我们在扫描过程中可能会对破损或被污染的部分进行修复处理，但在数字化存储之后，这些被修复的部分也需要做到不可改变。

录音、录像档案的数字化处理必须进行模拟数字的转换，保持原样“永久化”存储。实物档案可采用 3D 技术按比例制作存储。电子文档要按照对象管理模式，做到对草稿、修改稿、发文纸、正文以及关联信息的一并归档。在这种模式下，修改稿需要保留草稿字样和改稿人姓名、修改内容、修改时间，并做到整套归档电子文件的不可修改。

为了做到档案信息的非修改性，企业还需要在系统级别实施权限管理和状态网络的自动操作记录。这不仅包括对档案管理系统的用户进行权限管理，以防止未经授权的用户修改档案信息；也包括对系统管理员进行权限管理，以防止他们滥用权限修改档案信息。系统需要记录所有的操作历史，一旦档案信息被非法修改，就可以通过操作历史追溯责任人，并恢复档案信息的原始状态。通过这些措施，企业可以有效地保护档案信息的非修改性，确保档案信息的完整性和准确性，从而提高企业档案信息化的质量和效率。

（二）要保证电子文件的质量

在企业档案信息化过程中，保证电子文件的质量是一项重要任务，涉及电子文件的多个方面，包括内容、结构、背景信息以及签名和印章等。电子文件的内容应准确无误，反映文件的真实情况；电子文件的结构应清晰、规范，易于读取和理解；电子文件的背景信息（包括文件的创建日期、作者、版本等信息）应完整、详细，以方便查证和追溯；电子文件的签名和印章应真实有效，保证文件的合法性和有效性。这些因素共同构成了电子文件的元数据标准，是衡量电子文件质量的关键指标。

在企业中，保证电子文件的真实性、完整性、有效性是电子文件形成部门的责任。这不仅需要形成部门严格按照文件管理的规定和标准，认真审核和核实每一个文件，确保其内容的真实性和完整性；也需要形成部门在文件的创建和修改过程中，遵守版本管理和审批流程，保证文件的有效性。

电子文件的保管、存储、安全则是档案管理部门的责任。档案管理部门需要设立专业的文件存储系统，实现文件的安全存储，防止文件的丢失和损坏；需要设立严格的访问控制策略，防止未经授权的人员访问和修改，保护文件的安全；还需要定期对文件进行备份和校验，确保文件的完整性和一致性。

通过上述方式，企业可以确保电子文件的质量，提高档案信息化的水平，从而提升企业的运营效率和决策质量。

（三）要适应办公自动化

档案信息化在适应计算机办公自动化的过程中有着不可或缺的作用。随着科技的快速发展，办公自动化已经成为企业运营的必然趋势，这种趋势使档案信息的数字化处理变得尤为重要。档案信息化的实施不仅能满足信息化建设和办公自动化的需求，而且能够提高企业的工作效率和管理水平。

为了适应办公自动化，企业需要对档案数据库进行合理的设计和构建，使其能够方便快捷地进行检索、下载、复制和打印。其中，检索工具的标准化和规范化是关键，它可以通过年度、档案编号、主题等多种方式对档案进行分类和检索，方便用户找到所需要的信息。对于授权的档案利用者，他们能够下载、复制、打印单页文本文件以及所需要的部分内容，包括以图像形式扫描的数字化文本文件。

此外，企业还需要建立档案管理信息系统，按照行业标准和技术规范，实现对自动化网络办公产生的电子文件和利用计算机创建的电子文件的归档管理和数字化处理。档案管理信息系统应将电子文档作为档案信息收集、保管、利用的对象，确保存储、整合、开放利用的安全有效。

（四）要保障信息安全

档案信息化直接关系到档案数据的完整性、可用性和机密性，因此其必须保障档案信息的安全性。档案信息化中的安全管理并不只是技术问题，它还涉及管理策略、人员行为、法律法规和标准等多个方面。因此，在档案信息化过程中，我们必须对这些问题给予充分的考虑，并找出在方便性、高效率与安全管理之间的平衡。

在数据存储方面，企业应使用具有自动备份功能的专用服务器，配置备份信息设备（如光盘库、磁盘阵列、专用网络存储设备），并对备份信息进行适时迁移。另外，企业还需使用安全介质定期刻录（复制）备份信息，并在异地进行保管。这些措施既可以提高数据的可用性，也可以保证在遇到数据丢失或损坏时，能够快速恢复数据，避免或减少企业的损失。

企业应制定完备的管理制度和安全操作规范，实施有效的网络安全措施，并采用严格的授权管理系统，以防止非法访问和数据泄露。具体来说，企业应遵守以下原则。

第一，密级区分原则。对于保密的数字档案，企业需要实行物理隔离并明确责任人。这意味着不同密级的档案应存储在不同的物理环境中，访问它们的人员应根据其密级获取相应的授权。

第二，内外区分原则。开发档案信息与内部业务运行过程的信息应实行隔离。这样可以防止潜在的信息泄露，保护企业的核心商业信息。

第三，用户区分原则。档案管理人员、档案形成人员、内部用户和公共用户应有不同的访问权限。这样可以确保每个用户只能访问他们被授权的信息，从而提高数据的安全性。

第四，系统区分原则。企业应将档案信息管理系统及其网络化归档、信息共享、辅助决策等子系统加以区分。这样可以防止单一系统的破解导致整个档案信息系统的崩溃，提高系统的安全性和稳定性。

（五）要维护档案信息的系统性

在信息化时代，有效的信息共享可以提升管理工作的科学性、规范性和效率，让档案信息为现实工作提供更显著的服务。因此，加强对现实档案信息的及时收集、维护和提供利用是极为关键的。在档案信息化的过程中，系统设计和技术支持需要满足档案管理部门对精细化管理的需求。为了实现这个目标，档案管理部门需要扮演多个角色，完成一系列的任务。

档案管理部门需要扮演前端指导的角色，对形成电子文档的归档部门提供业务指导，包括如何创建、保存和管理电子文档等。

档案管理部门需要进行归档监督，对归档部门的电子文件鉴定和归档进行监督，确保所有的电子文件都符合规定的格式和标准。

档案管理部门需要对归档部门移交的电子文档进行全面的审核，这是确保档案质量和可用性的重要步骤。

档案管理部门需要对入库档案的管理提出要求，其中包括数字档案与实物档案信息的同步管理。这是因为在许多情况下，实物档案与其对应的数字档案会同时存在，如果它们的信息不同步，可能会导致信息的混乱和误解。

档案管理部门需要负责数字档案的库房管理，包括备份、统计、开放、转档、销毁等任务。数字档案的管理工作不仅要考虑到档案的存储和保护，也要考虑到档案的利用和销毁。

档案管理部门需要提供信息服务，做好档案的鉴定与开放，加快档案信息资源的开发与利用。档案的信息服务不仅可以提供给内部员工使用，也可以开放给外部用户，从而更好地发挥档案的价值。

二、企业档案信息化的主要特点

（一）数字化

企业档案信息化的数字化特征是其显著的特点，标志着企业档案从传统的纸质档案向电子档案的转变。数字化不仅改变了档案的形态，也重新定义了档案管理的方式，开启了企业档案的新纪元。

在数字化的过程中，档案的内容被转换为二进制代码，存储在硬盘、光盘、云存储等媒介中。这种形式的档案相较于传统的纸质档案，有着更多的优势。数字档案占用的物理空间小，而且可以长时间保持稳定，不受环境条件（如湿度、温度等）的影响。数字化使档案的复制和传输变得更为简单和快捷，可以通过网络迅速地在不同地点进行共享，大大增强了档案的可用性。数字化也为档案的检索带来了革命性的改变。传统的纸质档案检索往往需要人工进行分类、整理和查询，耗时耗力；而数字档案可以通过数据库管理系统和搜索引擎进行高效、精确的检索，用户只需要输入关键词，就可以快速找到所需的档案，大大提高了档案的利用效率。

数字化虽然带来了众多的便利，但也带来了新的挑战，如如何保证数字档案的长期可访问性和安全性等问题。但不可否认的是，数字化已经成为企业档案信息化的基石，它改变了档案的形态，提高了档案的利用效率，也为档案管理带来了新的可能。

（二）实时性

企业档案信息化的实时性特征是其重要的特点，它使档案信息可以在生成的同时即时保存和更新，大大提高了档案管理的效率和质量。

在传统的档案管理中，档案信息的保存和更新是一个相对缓慢的过程，往往需要经过纸质文档的制作和传递过程，可能需要几天甚至几周的时间。而在企业档案信息化中，所有的信息都可以在生成的同时被即时保存和更新到系统中。这种实时性不仅减少了档案管理的时间成本，而且降低了信息丢失和错误的风险。

实时性还使档案信息的获取和使用更为便捷。在传统的档案管理中，用户需要到档案室实地查阅档案；而在企业档案信息化中，用户只需要在电脑前即可查阅最新的档案信息。这种实时性让档案信息的获取和使用不再受地点和时间的限制，大大提高了档案信息的可用性。

实时性还为企业的决策提供了更加及时、准确的信息支持。在传统的档案管理中，由于档案信息的更新速度较慢，决策者可能无法获取最新的信息，从而影响决策的准确性。而在企业档案信息化中，决策者可以随时获取最新的档案信息，从而做出更为准确的决策。

在企业档案信息化过程中，如何保证实时更新的档案信息的质量和准确性、如何保护实时性带来的大量档案信息的安全性等成了新的挑战。因此，实时性既是企业档案信息化的重要特点，也是其发展的重要课题。

（三）可搜索性

企业档案信息化的可搜索性主要体现在通过电子索引和搜索引擎，档案信息的检索变得更加迅速和便捷，这是企业档案信息化与传统的纸质档案系统的主要区别。

在传统的纸质档案系统中，查找特定的档案信息通常是一个费时费力的过程，需要翻阅大量的纸质档案并进行人工检索，而且往往只能依赖于档案编目人员的记忆和经验。而在企业档案信息化中，所有的档案信息都可以被电子化并进行关键词索引，用户只需要输入相关的关键词，就可以快速查找到需要的档案信息，这样的检索方式不仅大大节省了检索时间，而且提高了检索的精度和全面性。

档案信息化的可搜索性还实现了档案检索的智能化。通过使用高级的搜索引擎和人工智能技术，企业可以实现档案信息的自动分类、关联分析、情感分析等，这些高级的检索功能使档案信息可以更好地服务于企业的决策和业务运行。

然而，可搜索性的特点也带来了新的问题和挑战，如如何保证搜索结果的准确性和完整性、如何防止不当的档案信息检索和使用、如何处理大量的档案信息数据等。因此，企业档案信息化在享受可搜索性带来的便利的同时，也需要对这些新的问题和挑战给予足够的关注和应对。

（四）共享性

共享性被视为企业档案信息化的一个突出优势。企业档案信息化通过网络使档案信息在不同部门、不同层级甚至不同地域的员工中被共享，极大地提高了信息的使用效率和广度。

在传统的纸质档案系统中，档案信息的共享通常需要通过复制、分发等手段来完成，不仅消耗大量的时间和资源，而且可能由于人为的疏忽或误操作导致信息的丢失和错误。而在企业档案信息化的环境中，档案信息可以实时地被上传到网络，被授权的员工可以随时随地访问和使用这些信息，不仅降低了信息流通的成本，也大大缩短了信息流通的时间。

档案信息的共享性还使企业内部的协作变得更为便捷。各部门可以快速地获取其他部门的工作报告、研究报告等信息，更好地理解其他部门的工作状态和需求，从而提高工作效率和协作水平。

然而，企业档案信息化所具备的共享性特征也带来了一些问题，如如何确保档案信息的安全、如何保护企业的商业秘密、如何防止未经授权的信息访问等。因此，企业在推进档案信息化的同时，也需要建立和完善信息安全管理制度，对信息的存储、传输和使用进行严格的监控和管理，确保档案信息的共享性与安全性的平衡。

（五）可控性

在企业档案信息化的过程中，可控性以其对信息管理精细度的提升而成为企业档案信息化的一个关键特性。企业档案信息化通过采用各种加密和访问控制技术来保护档案信息的安全，确保只有经过授权的用户才能访问特定的档案信息。

传统的纸质档案系统在管理和控制方面存在着困难，如物理存储空间的限制、档案的损坏或丢失风险以及难以跟踪档案的使用情况等。信息化的档案系统可以通过计算机和网络技术来克服这些困难。例如，数字签名和加密技术可以确保档案信息在传输和存储过程中的安全；访问控制列表和角色权限可以限制用户访问特定档案的权限。

档案信息化系统也可以通过审计和监控功能来保证档案信息的合规使用。系统可以记录档案的访问历史（包括访问者的身份、访问时间以及访问的档案内容等信息），从而对可能的非法访问和滥用进行早期的发现和预防。企业可以通过审计报告来评估档案管理的效果，及时发现和改正可能存在的问题。

企业档案信息化的可控性的提高意味着企业的技术和管理能力需要满足更高的要求。企业不仅需要拥有足够的技术能力来部署和管理复杂的档案信息化系统，还需要建立一套完整的管理制度和流程来保证档案信息的合规使用。因此，可控性既是企业档案信息化的一个重要特点，也是企业在推进档案信息化过程中需要重点考虑的问题。

第三节　企业档案信息化高质量发展概述

一、企业档案信息化高质量发展的内涵和基本理念

企业档案信息化高质量发展是指，档案信息化的发展过程不仅要求数量的增长，更注重质量的提升。这意味着企业需要将更多的注意力集中在如何提高档案信息化的质量和效益，而不只是扩大其规模。

在实现企业档案信息化高质量发展的过程中，基本理念是关键，它引导着整个发展过程，并在实践中不断得到丰富和深化。

企业档案信息化高质量发展的理念强调的是以人为本、科技引领、持续改进和持续创新。在实现档案信息化高质量发展的过程中，企业需

要不断运用科技手段，提高系统性、集成性和智能化水平，不断完善和优化档案管理流程，提高档案服务的质量和效率，注重满足人的需求，实现人与档案的和谐共生。

以人为本是高质量发展的根本。企业档案信息化的设计、开发和使用都需要围绕人的需求和利益展开，这里的“人”不仅包括档案管理人员，还包括档案的使用者和利益相关者。以人为本的原则促使企业必须关注档案信息化对人的影响，重视人的主观能动性，并努力满足人的多元化需求。这就需要企业在设计和实施档案信息化的过程中，始终考虑如何让人在使用档案时更加方便、如何保护人的合法权益、如何提高人的工作效率等问题。

科技引领是高质量发展的动力。随着科技的发展，档案信息化的技术手段和工具也在不断更新和进步，新的科技趋势（如人工智能、大数据、云计算等）为档案信息化的高质量发展带来了更多可能性。企业必须紧跟科技发展的脚步，不断引入新的技术，以提高档案信息化的系统性、集成性和智能化水平。

持续改进和持续创新是高质量发展的方法。档案信息化是一个动态的过程，需要在实践中不断发现问题、分析问题，然后采取相应的措施进行改进。创新是推动档案信息化高质量发展的重要动力。企业需要鼓励和培养员工的创新精神，建立健全创新机制，为档案信息化的持续改进和持续创新提供有力保障。

二、企业档案信息化高质量发展的具体要求

企业档案信息化高质量发展需要坚持问题导向。问题是最好的老师，只有通过深入理解和解决问题，企业才能不断提升档案信息化的质量。具体来说，企业需要全面分析档案信息化过程中的各类问题（如信息存储和检索的效率问题、信息安全问题、用户体验问题等），然后寻找相应的解决策略和方法（如优化系统设计、强化安全防护、提升服务

水平等）。

企业档案信息化不是孤立的环节，而是一个复杂的系统工程，涉及信息采集、处理、存储、检索、利用等多个环节，需要形成一个科学合理、高效运行的系统。因此，企业需要从系统的角度去思考和处理问题，优化整个档案信息化的流程和机制，使各个环节紧密协调，共同服务于企业的业务需求。

技术是推动企业档案信息化高质量发展的重要支撑。随着大数据、云计算、人工智能等新一代信息技术的发展，档案信息化也面临着更新换代的机遇和挑战。企业需要及时把握这些新技术的发展趋势，不断引进和应用新的技术，推动档案信息化的高质量发展。

人才是企业档案信息化的重要资源。企业需要通过多种方式（如内部培训、专业进修、招聘外部专家等），不断提升企业人员的档案信息化知识和技能，以应对档案信息化日益复杂的技术和管理需求。

三、企业档案信息化高质量发展的价值

（一）提升企业运营效率

一方面，企业档案信息化的高质量发展可以显著提高档案的存储、检索、利用的效率，从而节省企业的时间和资源。另一方面，企业档案信息化的高质量发展还可以提高档案的整理、归档和管理的效率，避免因为档案的丢失和混乱而带来的企业运营风险。

企业档案信息化的高质量发展使数据的存储和检索过程更加迅速和简便。传统的纸质档案需要通过人工的方式进行分类和整理，查找过程耗时耗力，对于大规模的档案信息检索更是如此。数字化的档案信息可以利用现代的信息技术进行快速检索，用户通过几次点击或键盘输入，就能找到所需的信息。这极大地提升了工作效率，使企业能够更快地满足各种业务需求。

通过数字化，企业可以实现对档案的统一管理，使档案的归档、修改、删除等操作变得极为简便。数字化档案的自动备份功能有效地避免了因人为因素导致的档案丢失，保障了档案的安全，大大提高了企业档案管理的效率。

在传统的企业运营中，企业领导者作出某项决策往往需要基于大量的档案数据，这些数据的收集和整理过程既复杂又耗时。档案信息化则通过数据分析工具，能够迅速地从大量档案数据中提取有价值的信息，为企业的决策者提供便利。

（二）促进企业决策

企业档案不仅包含了企业的历史数据，也反映了企业的发展趋势和业务变化，为企业决策者提供了全面而深入的理解。

在档案信息化高质量发展的背景下，企业决策者能够通过智能检索系统快速定位需要的信息，无论是过去的市场数据，还是关于企业内部运营的数据，都能在数秒内找到，这大大减少了信息收集的时间，提高了决策的效率。除了提供快速便捷的信息获取方式外，档案信息化还提供了大数据分析的可能性，通过大数据技术，企业能够从庞大的档案库中提炼有价值的信息和模式，这为市场趋势的预测、竞争对手的分析以及未来战略的规划等方面都提供了强大的支持。例如，某电商企业的档案信息化系统可以记录并分析消费者的购买行为，预测未来的销售趋势，以便调整销售策略，进行库存管理等，当企业决策者需要进行新产品的上市决策时，他们可以通过查阅消费者的购买记录，了解消费者的喜好和需求，从而作出有针对性的决策。

企业档案信息化的高质量发展不仅为促进企业决策提供了方便快捷的信息获取方式，也为企业提供了基于大数据的深度分析的可能性，这对于提高企业决策的效率和质量，都起到了重要的推动作用。

（三）保护企业资产

企业档案是企业的重要资产，包含了企业的历史、文化、知识和技术等重要资源。企业档案信息化的高质量发展可以提高档案的保存和利用的安全性，保护企业的这些重要资产不受损失和破坏。

档案是企业历史的记录，是企业文化的载体，也是企业知识和技术的宝库。从安全存储的角度看，企业档案信息化通过电子化、网络化的形式，使档案可以远离物理环境的损害，如火灾、洪水、虫害等。通过数据备份和灾难恢复技术，即使在遭遇灾难性的硬件故障或人为破坏的情况下，档案信息也能够得到保护，避免丢失。

通过档案信息管理系统，企业可以有效地对档案进行分类、标签、索引，从而避免档案的混乱、丢失。通过权限管理和审计追踪，企业可以对档案的使用进行有效的监控和控制，防止不合规的使用和信息泄露。

电子化和网络化可以让企业员工随时随地查阅所需的档案，加快工作进度。通过大数据和人工智能技术，企业可以从庞大的档案库中挖掘有价值的信息和知识，促进企业的创新和发展。

企业档案信息化的高质量发展可以使企业更好地履行其对社会的责任，如保护客户的隐私、披露企业的公共信息等。此外，企业档案信息化的高质量发展还可以提升企业的公众形象，展示企业的专业性和现代性。

第四节 影响企业档案信息化高质量发展的因素

一、影响企业档案信息化高质量发展的内部因素

（一）企业内部环境

企业内部环境主要涵盖了企业的组织结构、企业文化、管理水平和企业战略。这些因素共同决定了企业档案信息化是否能得到高质量发展。

1. 组织结构的扁平化和网络化

扁平化和网络化的组织结构更有利于企业档案信息化的推进和实施，因为这种组织结构可以提高信息的流动性和透明度，减少信息的阻碍和延误。

在组织结构的变革中，扁平化和网络化的组织结构成为现代企业的重要特征。对于企业档案信息化的推进和实施而言，这种组织结构具有明显的优势。

扁平化的组织结构减少了管理层级，使信息能更快速地在组织内部传播。在扁平化的组织中，员工对信息的需求更直接，对信息的反馈也更快，这有利于档案信息化系统的设计和使用。扁平化的组织结构减少了信息传递中的阻碍和误解，提高了信息的准确性和效率，为档案信息化提供了更好的应用环境。

网络化的组织结构强调信息的共享和协作。在网络化的组织中，各个部门和个体能够通过信息系统互相连接，共享和交流信息。这种组织结构为档案信息化提供了良好的基础，因为档案信息化就是通过电子方

式实现档案的存储、检索和利用，使信息能够在组织内部和外部有效流通。

以某跨国公司为例，该公司在全球范围内设有多个分支机构和办公点，传统的层级式组织结构使信息传递效率低下，档案管理复杂。公司采用了扁平化和网络化的组织结构，并搭建了全球统一的档案信息化系统，使公司内的各个部门和个人都能及时获取和使用档案信息，大大提高了工作效率和决策质量。

2. 开放、合作、创新的企业文化

企业文化是企业行为的集体心理反映，它在企业档案信息化进程中的作用不容忽视。在开放、合作和创新的企业文化背景下，档案信息化的接受和应用将会得到显著的促进。

开放的企业文化是企业档案信息化的有力保障。一个开放的企业氛围能够鼓励员工自由交流思想和信息，有助于消除信息孤岛，实现信息的有效共享。开放的文化环境也使员工更愿意接受新的事物，从而更好地推进企业档案信息化的进程。

合作的企业文化有助于档案信息化的协同工作。档案信息化需要企业内部各部门、各层级共同参与和合作，只有在企业文化鼓励合作的环境下，档案信息化的工作才能有效地被推进。

创新的企业文化为档案信息化的发展提供了源源不断的动力。企业档案信息化不仅需要使用现有的信息技术，还需要不断创新，以适应企业运营和管理的需要。在创新的企业文化环境下，员工会更加积极主动地寻求解决问题的新方法，推动档案信息化的持续进步。

3. 高水平的管理者

一般来说，高水平的管理者具有更强的信息化意识，他们对信息技术的理解和运用能力较强，这在一定程度上决定了企业档案信息化的发

展水平和质量。高水平的管理者通常能准确把握信息技术的发展趋势，明确信息化在企业发展中的重要性。他们能够从战略高度看待企业档案信息化，把握企业发展的大方向，从而为企业档案信息化的推进制订出正确的发展策略和计划。

企业档案信息化的推进是一个需要大量资源（包括人力资源、财务资源、物质资源等）投入的过程，而高水平的管理者通常具备良好的资源配置能力，能够合理地配置这些资源，保证信息化建设的顺利进行。

高水平的管理者能够有效地引导和激励员工参与到企业档案信息化的建设中。他们通常具备较强的领导能力，能够有效地传达企业档案信息化的重要性，引导员工积极参与到信息化建设中，提高员工的信息素养。

4. 企业战略

企业的战略目标和方向在很大程度上决定了企业的行为和决策，包括是否将重点放在档案信息化的建设上以及如何进行档案信息化的建设。

一个清晰、明确的企业战略可以使企业明确自己在信息化建设中的定位和目标，明白应该如何运用信息化手段来提升企业的核心竞争力。例如，一家以提升运营效率为战略目标的企业，可能会将档案信息化作为重要的手段来提升内部管理效率，从而实现其战略目标。

企业战略为档案信息化的推进提供了资源保障。一个与信息化一致的企业战略会使企业更愿意投入资源进行档案信息化的建设，如投入财务资源购买信息化设备和软件、投入人力资源进行信息化知识的学习和应用、投入时间资源进行信息化系统的研发和维护等。

一个注重创新和学习的企业战略会促使企业建立一个开放、共享、合作的内部环境，这对于档案信息化的推进非常有利。这样的内部环境可以鼓励员工积极地接受和应用信息化知识，共享信息资源，共同解决信息化过程中的问题，从而推动档案信息化的高质量发展。以一家互联网企业为例，其以创新为战略目标，注重利用信息化手段提升创新能力，在企业的引导下，员工积极学习和应用信息化知识，积极分享创新经验，形成了一种积极的信息化文化，推动了企业档案信息化的高质量发展。

（二）企业内部资源

企业内部资源也是影响企业档案信息化高质量发展的因素，主要包括企业的人力资源、技术资源、资金资源和信息资源。

1. 人力资源

员工作为企业内部资源的重要组成部分，其信息素养、技术能力和学习能力在推动企业档案信息化高质量发展过程中起着决定性的作用。

企业档案信息化并非一项纯技术性的工作，而是涉及企业的各个层面，尤其是员工的日常工作。员工的信息素养，即员工理解、运用和评估信息的能力，直接决定了企业档案信息化的效果。员工需要理解信息化的重要性，能够有效地使用信息化工具（如数据分析软件、云存储服务等）来完成工作任务。员工还需要有能力评估信息的可靠性和有效性，避免错误信息的传播。

在技术能力方面，员工需要掌握相关的技术知识和技能，才能有效地使用和维护企业档案信息化系统。例如，员工需要掌握数据库管理、电子文档处理、信息安全等相关技术，以保证企业档案信息化系统的正常运行。企业可以通过培训、指导或者外部聘请等方式来提升员工的技术能力。

学习能力是员工适应信息化环境的关键。随着技术的不断发展，企业档案信息化的工具和方式也在不断变化，员工需要有较强的学习能力，才能快速适应这些变化，及时掌握和应用新的技术和工具。学习能力也可以帮助员工更好地理解和应用档案信息，提高工作效率。

可以说，企业的人力资源对企业档案信息化高质量发展起到了关键的作用。企业需要重视员工的信息素养、技术能力和学习能力的培养，以保证企业档案信息化的高质量发展。

2. 技术资源

技术资源是企业档案信息化高质量发展的关键支撑，其包括硬件设备、软件系统和网络设施。

硬件设备是实现企业档案信息化的物质基础。硬件设备包括服务器、计算机、存储设备等，承担着存储、处理、传输档案信息的任务。硬件设备只有达到一定的性能和质量，才能保证企业档案信息化系统的稳定运行。例如，服务器需要有足够的存储空间来保存大量的电子档案，还需要有高速的处理能力来应对众多的数据访问请求；计算机需要有良好的性能和兼容性，以便员工顺利完成档案信息的生成、编辑和查阅等工作。

软件系统是企业档案信息化的核心，负责档案信息的管理和服务。软件系统包括档案管理软件、数据分析软件、安全防护软件等，负责档案的录入、整理、查询、统计、安全等。软件系统只有具备一定的功能性和易用性，才能提高企业档案信息化的工作效率和使用体验。例如，档案管理软件需要提供完善的分类、检索、审计等功能，以方便用户快速找到所需的档案信息；数据分析软件能够对档案信息进行深度挖掘和分析，以支持企业的决策活动。

网络设施是企业档案信息化的连接纽带，负责档案信息的传输和共享。网络设施包括局域网、互联网、云服务等，能够使档案信息在企业内部和外部快速、安全地流动。网络设施只有具备一定的稳定性，才能满足企业档案信息化的实时性和共享性要求。例如，局域网需要提供高速、稳定的连接，以保证企业内部的档案信息交流；云服务需要提供弹性、可靠的存储和计算服务，以支持企业档案信息的扩展和灾备需求。

3. 资金资源

资金资源是推进企业档案信息化高质量发展的基本条件。企业必须具备一定的财务实力，才能确保各种必要的投入，包括但不限于信息化设备的购买、软件系统的开发或购买、运维人员的招聘和培训、数据安全保障措施的实施等。这些投入的大小和持续时间直接影响企业档案信息化的效果和水平。

信息化设备和软件系统的购买都需要一定的资金投入。信息化设备包括服务器、存储设备、计算机等硬件设备，软件系统包括档案管理软件、数据分析软件等系统。这些设备和系统是企业档案信息化的物质基础，其性能和质量直接决定了企业档案信息化的效果。因此，企业需要投入一定的资金来购买高性能、高质量的设备和系统。

企业需要投入资金来对运维人员进行招聘和培训。信息化设备和软件系统的维护和更新需要专业的运维人员，而这些人员的招聘和培训也需要资金支持。此外，企业还需要对全体员工进行信息化知识和技能的培训，以提高他们的信息素养，增强他们对档案信息化工作的接受度和参与度。

资金资源是保障企业档案信息化安全的必要条件。企业需要投入资金来购买和实施各种数据安全保护措施，包括防火墙、入侵检测系统、数据备份和恢复系统等。这些措施能够保护企业档案信息不受网络攻击和设备故障的威胁，保证档案信息的安全。

4. 信息资源

信息资源在推动企业档案信息化高质量发展中扮演着至关重要的角色。企业的信息资源不仅包括内部的档案信息，还包括市场信息、员工信息等多种类型的信息。这些信息资源是企业决策和运营的基础，是构建企业档案信息化系统的原材料。

档案信息是企业重要的信息资源之一，包含了企业的历史、经验、知识、技术等信息，是企业决策、规划和创新的重要依据。在档案信息化的过程中，一方面，企业需要对档案信息进行整理、归类、标准化，使其能够被电子化和自动化的方式进行处理和利用。另一方面，企业还需要建立有效的档案信息管理机制（包括档案的归档、查询、利用、保护等），以提高档案信息的利用效率和安全性。

市场信息是企业档案信息化的重要输入，包括客户信息、竞争对手信息、行业动态、政策法规等。企业需要建立系统的市场信息收集和分析机制，将市场信息与档案信息相结合，为企业的决策和运营提供有力支持。

员工信息也是企业重要的信息资源，包括员工的基本信息、职位信息、工作表现、技能水平等。企业需要通过档案信息化系统，有效管理和利用员工信息，提高人力资源的管理效率和工作效率。

二、影响企业档案信息化高质量发展的外部因素

（一）信息化环境

信息化环境作为影响企业档案信息的高质量发展的外部因素，主要包括技术发展、政策法规、市场竞争和用户需求。

1. 技术发展

技术进步的重要性在于，技术的发展和应用为企业档案信息化的高质量发展提供了重要的驱动力。先进的技术（如云计算、大数据和人工智能等）不仅可以帮助企业实现高效的档案管理，也能使企业从中得到更高的经济效益。

云计算的出现，为企业提供了一种全新的档案管理方式。通过将档

案数据存储在云端，企业可以大幅降低物理存储档案的成本，并且可以随时随地访问和管理档案数据。云计算的弹性和可扩展性也使企业可以根据需求动态调整存储空间，避免了过度投资和存储空间的浪费。

大数据可以帮助企业从海量的档案数据中挖掘有价值的信息，从而更好地支持企业的决策。通过大数据分析，企业可以发现档案数据中的模式和趋势，预测未来的发展，制定更科学、更精确的战略和政策。

人工智能（如机器学习、自然语言处理等）的发展，也为档案管理带来了新的可能性。例如，通过机器学习算法，企业可以实现对档案数据的自动分类和标记，极大地提高了档案管理的效率；自然语言处理技术则可以实现对档案数据的自动提取和理解，使档案数据的利用更加方便和高效。

可见，技术发展对于推动企业档案信息化的高质量发展具有重要的作用。企业需要紧跟技术发展的步伐，积极引入和应用新的技术，以实现档案管理的优化和提升。

2. 政策法规

政策法规对于企业档案信息化的高质量发展起到了至关重要的作用。政策法规不仅为企业的档案管理设定了行为规范和运作标准，也为企业创造了良好的外部环境，促使企业积极推进档案信息化的发展。

政府出台的信息化政策往往能够鼓励企业使用新的信息技术来改善自身的档案管理。例如，政府可以通过提供资金支持、税收优惠等方式，激励企业投资信息化设施和技术，推动企业档案信息化的高质量发展。这不仅可以帮助企业降低信息化建设的成本，也可以促使企业更加积极地参与到信息化建设中去。

档案管理法规为企业档案信息化的建设和运作设定了明确的要求和指导，规定了企业在档案的收集、保存、使用和销毁等过程中应该遵循的原则和标准。这对于保障档案的安全性、完整性和有效性，实现企业档案信息化的高质量发展具有重要的意义。

信息安全法规也对企业档案信息化的高质量发展起到了重要的作用。信息安全法规要求企业采取有效的措施来保护档案数据的安全，防止数据泄露、丢失和破坏。这对于维护企业的信息资产，保障企业档案信息化的安全运行具有重要的意义。

3. 市场竞争

市场竞争是影响企业档案信息化高质量发展的重要因素，能够推动企业不断创新和提升自身的档案信息化水平。

在激烈的市场竞争环境下，企业需要利用信息化手段提升自身的竞争力。一方面，信息化可以提高企业的运营效率，降低成本，使企业在市场竞争中具有更大的优势。例如，通过信息化的档案管理，企业可以快速、准确地获取和利用档案信息，提高决策效率，避免因档案的丢失和混乱带来的运营风险。另一方面，信息化可以提升企业的服务水平，满足客户的需求，增强企业的市场竞争力。例如，通过网络和移动设备，企业可以提供24小时的在线服务，使客户可以随时随地获取和使用档案信息，提高客户的满意度和忠诚度。

4. 用户需求

用户需求能够在一定程度上影响企业档案信息化的高质量发展。随着社会的发展和科技的进步，用户对于获取和使用信息的需求越来越高。用户希望企业能提供快速、准确、便捷的信息服务，满足他们的个性化和多样化需求。这就要求企业不断提升自身的信息化水平，改进档案管理的方式和手段，提高信息服务的质量和效率。例如，企业可以利用大数据和人工智能等技术，对档案信息进行智能化的处理和分析，提供更精准、更个性化的信息服务，满足用户更多的需求。

（二）社会环境

1. 经济发展水平

经济发展水平是一个地区或国家的整体经济状况的反映，直接影响着企业档案信息化高质量发展的可能性和发展程度。当一个地区或国家的经济发展水平较高时，企业通常有更多的资源和更强的动力投入档案信息化建设中，高水平的经济发展也能吸引和培养更多的优秀人才参与档案信息化的建设和运营，这对于企业档案信息化的高质量发展具有重要的推动作用。例如，随着经济发展水平的提高，企业将会投入更多的资金来购买最新的硬件设备，采购更强大的软件系统，构建更完善的网络设施，提供更高效的档案管理服务；企业还会投入更多的资源来进行员工培训，提高员工的信息素养，鼓励员工利用信息化手段来提高工作效率；企业也会利用更多的资源来进行技术研发，探索和应用新的技术（如大数据、云计算、人工智能等），提升档案管理的技术水平，实现更高质量的档案信息化。

然而，经济发展水平也会给企业档案信息化的高质量发展带来一些挑战。例如，随着经济的发展，企业将会面临更激烈的竞争，需要更高效、更准确、更快速的信息服务来满足市场和客户的需求；企业还会面临更复杂的法规环境，需要更高的信息安全和隐私保护水平来满足法规的要求。因此，企业需要不断学习和创新，提升自身的信息化管理能力，以应对这些挑战，推动档案信息化的高质量发展。

2. 社会文化背景

社会文化背景的影响主要体现在人们对于新事物的接受程度和对于信息的态度上。一个开放、进步的社会文化背景会更加鼓励创新和变革，对于新的技术和工具有更高的接受程度。例如，如果一个社会的文化背景鼓励学习和创新，那么当企业引入新的信息化工具和技术时，员工和用户将会更加积极地接受和使用这些工具和技术，从而促进企业档案信息化的高质量发展；如果一个社会的文化背景对于新事物持保守或排斥的态度，那么企业档案信息化的推广和实施将会面临更大的阻力。

3. 教育程度

教育程度主要影响了人们对于新技术、新工具的理解和使用能力。一个教育程度较高的社会环境，能够为企业档案信息化的推广和实施提供更多的知识基础和人才支持。例如，员工的教育程度会影响员工对于信息化工具和技术的理解和掌握程度，从而影响企业档案信息化的实际效果。此外，教育程度还影响了人们的信息素养，信息素养较高的员工和用户更能够理解和接受企业档案信息化，从而推动其高质量发展。

第五节　企业档案信息化高质量发展的策略

大数据是信息化发展的新阶段，其在产业创新、数字经济构建、国家治理现代化、民生保障和改善以及国家数据安全保障中具有重要作用。

大数据技术的蓬勃发展，已经逐渐成为企业宝贵的资产。大数据具有显著的优势，能够在一定程度上解决数据权益、数据孤岛、数据垄断等问题，因此企业应利用大数据技术强化内部管理，扩展外部市场，实现高质量的发展。然而，大数据时代的信息多元化特征以及复杂的种类和结构，使企业在处理过程中面临大数据量、快速增长等挑战，尤其是在数据安全和数据共享利用之间存在明显的短板。企业在档案信息化管理过程中，需要解决这些难题，实现数据的有序流通，及时进行数据治理，提升资源利用的安全性、准确性和规范性。

当前，大数据概念已经被广泛接受，大数据发展趋势已形成共识，丰富的大数据产品也为企业提供了多种选择。因此，企业需要深入学习和理解相关知识，将其应用于企业档案信息化的高质量发展中。

一、企业档案管理信息化的意义

档案管理信息化是企业实现效率和成本优化的重要手段。相比于传统的纸质档案管理方式，档案管理信息化不仅有助于节省人力和物力资源，还能提升管理效率。虽然传统的纸质档案管理方式具有其独特的优势（如数据难以被篡改），但是随着数字签章、CA 认证、数字指纹等防篡改技术的广泛应用，人们对传统的纸质档案的依赖逐渐减少。纸质档案在整理、保存和检索等方面需要大量的时间和精力，且对存储环境和空间的需求也较高。

在这种情形下，档案管理信息化就有着无可比拟的优势。信息化档案可以提供更加全面且即时的信息（如工作计划、经营指标、报表数据等），极大地提升了数据的可获取性和实用性。档案管理信息化是企业构建现代化基础设施的必要组成部分，它不仅是信息化管理的前提，也是企业长期进行信息化管理的重要环节。进一步来说，档案管理信息化能为企业提供优质的管理服务，实现企业的持续发展，为企业的长期管理提供信息记录。企业档案管理信息化的高质量发展能有效地利用大数据技术，对现有的档案进行深度分析和挖掘，为企业决策和管理提供强大的数据支撑。因此，档案管理信息化不仅有助于提升企业管理的效率和质量，也是实现企业可持续发展的重要手段。

二、企业档案信息化高质量发展的新挑战和问题

企业在推动档案信息化高质量发展过程中，难免会遇到各种挑战和难题，尤其是在档案管理上出现的从未有过的新挑战和问题。

（一）对档案管理信息化建设的重视度不足

由于档案管理并不直接影响经济效益，所以很多企业，尤其是中小型企业，对于档案管理信息化建设的关注度往往不够，有些企业甚至没有设立专门负责档案管理的部门，也没有专职的档案管理人员。对于档案信息管理系统、数据库的建设与维护等工作，很多企业也缺乏深入全面的理解。

（二）缺乏统一的档案管理信息化标准

在当前的信息化背景下，企业进行档案管理的探索还处在初级阶段，配套的标准建设比较落后。许多企业在进行档案管理信息化建设过程中，没有根据自身的发展情况制定合理的规划。在电子文件的收集归档、定期规整、档案数据库建设过程中，相关的标准和规范显得尤为缺乏。这使档案信息化建设存在随机性和盲目性，档案信息的实用性、规范性和科学性得不到有效的保证，信息化管理优势无法充分发挥，更难以保证企业档案信息化的高质量发展。

（三）配套标准建设存在滞后性

档案管理信息化建设需要较大的资金投入，用于购置必要的信息化设备和基础设施。然而，许多企业领导并没有充分认识到档案管理信息化建设的重要性，因此不愿意投入大量资金。设施方面普遍存在的问题包括网络基础设施不完善、软件和硬件设备落后等，这些问题都严重阻碍了档案信息化建设的顺利进行，更拖延了档案信息化的高质量发展。

（四）高质量专业人才的匮乏

档案管理信息化需要专业性和综合性强的人才，但是目前的人才储备并不充足。许多工作人员虽然对于档案管理有着丰富的经验，但是在信息化知识方面却显得捉襟见肘。这种人才短缺的情况使档案管理信息化的进程变得异常缓慢。

三、企业档案信息化高质量发展的策略

（一）积极调整企业的管理机制

1. 增加人力、物力、财力的投入

无论是在管理层面还是生产环节，企业对于档案管理信息化的人力、物力和财力的投入都需要增加，这是企业档案资源信息化的必备条件。企业需要加大对分支机构的资源投入，及时升级过期的设备设施，以便引入先进技术。企业可以寻求政府机构的相关政策支持，主动替换效率较低的设备设施，在更新设备设施之后，企业要保证数据的平稳迁移，将原始数据转移到新的设备设施上，确保文件的分类和整合是有效的。此外，企业也要对员工进行相应的培训，使员工适应档案管理信息化系统的更新升级，确保档案管理信息化建设的顺利执行。

2. 设置档案管理信息化建设的标准

企业需要确定档案管理信息化建设的标准，这是企业档案信息化过程中的首要任务，也是应用信息技术的标准设置，有助于档案信息化的顺利实现。在实施档案管理信息化工作之前，企业应构建目标明确的全面规划，确保员工对档案管理信息化有统一的理解，以避免标准不统一、资源无法整合、应用程度不一的问题。企业在结合实际业务和档案信息化管理过程中，应构建完善的领导和管理团队，确保对档案信息资源的有效监控和运营。保证档案信息资源的有效运作，关键在于信息资源的利用，企业需要能够及时查阅文件，实现对不同部门生成的档案资源的有效整合，完善并规范档案信息资源的使用。

3. 提高企业的档案管理能力

提高企业的档案管理能力是提升档案信息化质量的关键保证。

企业需要在现有的管控体系基础上，完善各级控制体系，并建立专业指导小组，以提升企业档案管理的组织结构，使工作具有针对性，保证档案信息化工作的顺利进行。

企业应制定长期的规划和目标，结合公司实际情况，以档案管理信息化为导向，部署应用中的过程（包括接收、传输、查询、利用等不同内容）为管控手段，保证企业内部数据库和档案数据库之间的有效联系，确保有效处理安全问题，保护信息不被泄露。随着信息化和通信技术的逐步应用和实施，企业必须明确工作人员的职责，以保证工作程序的一致性和明确性。

在实施过程中，档案是企业各种职能活动的历史记录，是企业信息资源的重要组成部分，企业需要运用科学的技术手段提高档案质量，实现全员参与、全过程管控，为提升档案信息化的质量提供基础。

4. 细化企业部门的业务流程

企业各部门需要制定业务流程，并逐步精细化内部操作指南，这是档案管理信息化建设的具体实施步骤。企业要结合档案信息化的相关标准以及企业自身的实际情况，全面分析档案和电子文件的存储格式、管理结构、信息系统的方式和格式，确定相关技术指标。推进档案信息化过程应结合各功能工作流程，充分调研，深入了解实际的业务流程，并制定操作规范和制度。此外，企业还要对利用、管理人员加强管控，要求他们严格遵守保密义务，以便对档案信息资源进行严格的管理，增强对档案管理现状的深入理解和研究。

（二）升级和优化相关技术

1. 升级和优化档案管理软件

企业档案管理需紧跟社会信息技术发展的步伐，企业和机构文件管理系统的发展趋势，将深刻影响档案管理的内容。升级和优化档案管理软件并不会加大工作负担，反而能够提高信息化管理效率，并驱动企业内部相应的硬件更新。档案管理软件的选取至关重要，作为企业管理软件的一部分，档案管理软件的作用在于协助企业提高工作效率和质量，减少人工开支和运营成本。根据公司的规模、需求等因素，企业应谨慎选取适合的软件。企业需要保证档案管理软件的定期更新和升级，应从企业长期发展的角度出发，根据企业自身的实际业务需求，参考国家、行业标准，保证档案管理软件能够满足企业日常管理要求，如操作便捷、兼容性良好、可扩展性强、管理权限灵活、安全性高、应用场景多样等。

2. 继续推动档案数字化转型

档案数字化是将传统的纸质档案通过扫描设备等工具，利用扫描、OCR、数据库等技术，并参照国家、行业相关标准，转化为电子信息的过程。推动档案数字化转型工作有以下三个重点。

第一，应用信息技术推动企业档案数字化。基于档案的数量，企业需要进行大量的数据采集、数据测试和验证，很多企业已经选择通过自主研发或与第三方合作的方式，较早地部署和实现了现代化应用。

第二，档案数字化需要企业各部门及相应的管理人员配合和全员参与，这将有利于档案管理信息化建设的更好推进。

第三，企业档案数字化是一个持续的过程，企业需要合理制订数字化计划，充分利用资源，确定工作流程，明确数字化的策略和方法。

3. 加强安全机制

为了保障信息化档案资源的安全性和保密性，企业必须建立一套全面的安全制度，防止档案信息的丢失或泄露。企业应着重优化档案信息安全管理系统，特别是在信息风险防控方面。在互联网时代，实现档案管理信息化必须依赖互联网，但互联网的信息数量多且混乱，任何一点小风险都可能给企业带来巨大影响，因此提高档案信息管理系统的安全性对企业和员工来说是最好的安全保障。企业的正常运行离不开网络信息资源的支撑，互联网对企业的风险是无法预测的，甚至可能带来毁灭性的打击，因此强化档案信息资源的安全管理至关重要，尤其是对企业关键档案信息资源的管理。

（三）运用大数据技术深度开发企业档案信息资源

1. 开发企业档案信息资源

企业档案信息资源以其数量多、数据完备、系统化和高价值的特性，体现了数据挖掘的重要实现形式，主要在以下两个层次进行。

第一，数据挖掘旨在深度发掘档案信息化资源的内在信息，通过提升电子文件内容识别的方式，自动分类和处理企业信息化资源，以提升档案工作的品质和使用效率。

第二，在开发有价值信息的过程中，企业需要结合实际业务需求，发挥不同单位或部门的职责，将具有特定价值的信息化资源中的电子文件进行整合，形成具有实用性和独特性的集合，由简单的挖掘逐步发展为系统的、针对性的开发，从而预测和分析企业的实际管理情况。

2. 利用数据平台，多角度开发

作为大数据背景下的产物，数据平台包含了企业各部门的数据信息。因此，挖掘企业档案信息化资源应重点根据企业员工的使用情况，对相关数据进行深度开发。在推动档案信息化的过程中，企业应根据使用情况，为员工提供精确的分析服务，并以可视化的形式展示给用户，增强对档案信息化价值的认同感。企业还应逐步完善档案数据网络，从企业全局视角出发，按照各部门的职责分工，实现跨部门、跨领域的数据共享，连接各个孤立的数据源，并进行整合分析，深度开发档案信息化资源的内在联系，挖掘档案信息中隐藏的有价值的信息，实现档案管理的智能化。

3. 完善相关法律法规，确保大数据开发的质量

在大数据的背景下，档案信息资源的载体形式将越来越多样化，特别是在新技术的支持下，纸质载体将逐步减少。如何最大限度地保留档案的证据价值，是档案管理信息化建设的一大难题。目前，关于大数据和档案信息化建设的相关规定尚需进一步完善，这已经成为限制档案信息化发展的一个问题，也使人们意识到，逐步完善档案法律法规和相关制度能为企业档案信息化资源价值的实现提供保障。企业需要尽最大努力解决档案信息化资源的证据价值和参考价值问题。由于数据处理工具的多样性，企业还要确保各个环节能有序、规范地进行，从而为深度开发信息资源提供基础条件。

四、企业档案信息化高质量发展的实施步骤分析（以广州 A 公司为例）

A 公司于 2009 年成立。成立前几年，档案数量随着经营活动日益增多，公司内部对档案管理的重要性缺乏认识，管理力量薄弱，档案工作无系统管理，多由综合部人员兼任，工作压力过大，造成资料散失严重。档案对企业发展的贡献率也不高，资料难以更新，滞后的档案工作影响了公司日常的经营活动。

后来，A 公司领导意识到了档案管理工作的重要性，加大了档案投入力度，聘请了专业的档案人员，对公司成立之初的档案进行了系统的管理，并建立了健全的档案管理制度。档案整理工作是公司档案信息化发展的前提，随着公司的日益壮大，A 公司对档案管理工作的重视程度不断增加，确保了档案管理的人员、财务和物资得到有效落实，这为档案信息化转型打下了坚实的基础，使档案信息化发展得以进行。

（一）成立档案室，初步完成档案数据化建设

1. 加强领导，明确职责

为了建立健全的档案管理工作机构，A 公司成立了领导小组，由总经理担任组长、综合管理部负责人担任副组长、专职档案管理人员担任成员，负责档案管理工作的领导、协调和监督，为顺利进行档案达标升级工作奠定了组织基础。公司在各部门和下属公司设立了专兼职档案工作人员，负责向公司档案室提供档案材料，并配合完成档案整理工作。

2. 建立规章制度，规范工作

A 公司进一步修订了《公司档案管理规章制度》，明确了归档范围、档案分类和编号、各类档案的管理办法以及档案借阅和保密等方面的规定。公司还构建了全方面、全覆盖、全渗透的制度体系，推动了档案管理的标准化和规范化，确保了档案使用的安全性。

3. 加强硬件建设，夯实基础

A 公司的档案室占地面积约 56 平方米，通风和采光条件良好。公司投入了 10 万余元购置了 80 套档案柜、计算机、钉孔机等设备。档案室安装了大功率中央空调、除湿机，并配置了灭火器、防虫剂等设备，确保档案的保存工作得以有效进行。这些优越的硬件条件为做好档案管

理工作提供了必要的物质基础。

4. 数字化应用，转型升级

A公司通过各种有效措施，在档案管理的数字化建设方面取得了显著进展。公司推进了档案数据库的建设，加快了重要文档和高利用率档案的数字化进程，建立了目录数据库和全文数据库。目前，公司已完成了2009年至2022年文书档案、合同档案和招投标档案的全文扫描工作，为档案的数字化建设奠定了基础。公司还搭建了电子档案管理体系，并覆盖到其下属公司，通过安装专业的档案管理查询系统，实现了档案信息的便捷获取，对档案信息化建设起到了至关重要的作用。

（二）展开档案信息化达标工作

在完成档案整理和数据化归档后，公司领导统一高度，将档案室建立的标准、档案用具的采购、档案整理的规范都朝着省级达标标准配置。开展档案综合管理升级活动，是促进公司档案工作全面发展的一项重要措施，目的是通过实行档案的管理，加强档案基础业务建设，改善档案工作的条件，提高档案开发利用的水平。

档案达标工作程序烦琐，公司不仅要把各个门类的档案按要求规范整理，还要做细化的达标准备工作，完成编研材料和全宗卷编写，丰富档案的保存内容。

根据《广东省机关档案综合管理达标升级办法》的要求，公司加强了档案编研和开发利用，编写了公司的《全宗指南》《组织机构沿革》《档案利用事例》《基础数字汇编》，搜集了历年来的《公司大事记》，并整理汇编成册。公司还做了2009年至2022年63个发文汇编和9个专题汇编，编写了9卷全宗卷，对档案室的全宗做了更好的诠释，丰富了档案保存内容。公司由于没有达标经验，在开展评级工作过程中遇到了重重困难。在编写《组织机构沿革》时，公司向区档案局进行了悉心讨教，查找了类似的书籍作典范，并且通过与公司老员工的交谈了解了公司的发展历程。由于A公司前期档案门类不全，公司没有对历年来的机构和主要领导人员的变动信息做系统的规整，现有资料的查找难度相当大。A公司后来通过与人力资源部沟通，在《公司大事记》上搜集，查找了每个部门及公司领导人的相关变动信息和人事任免。总的来说，由于整个档案编研过程的素材有限，公司都是在现有资料上尽量去挖掘题材，在尊重事实的基础上，丰富档案内容。

经过三个半月的整理和达标准备，档案局委派的评审组根据《中华人民共和国档案法》的规定，并按照《广东省机关档案综合管理达标升级办法》和《广东省机关档案综合管理升级考核标准》，对公司的档案工作进行了考核评审。结果为总分86.5分，其中行政管理15.5分，基础业务36分，室库设施14分，开发利用21分。总分和单项分均达到省一级档案综合管理单位标准，A公司也因此被授予"省一级档案综合管理单位"的称号。

在此基础上，A公司再接再厉，继续深化档案信息化建设，于2016年12月再次接受市区档案管理部门组成的省特级档案目标管理工作验收组的评审工作。评审组根据《中华人民共和国档案法》的规定，并按照《广东省机关档案综合管理达标升级办法》和《广东省机关档案综合管理升级考核标准》，对公司的档案工作进行了考核评审，总分和单项分均达到省特级档案综合管理单位标准，公司也因此升级为省特级档案综合管理单位，并被授予"省特级档案综合管理单位"的称号。这大大鼓舞了公司党委领导和档案室所有工作人员的信心，进一步确立了加强公司档案电子化管理工作，提升了档案工作的管理水平和综合能力，促进了公司档案管理水平更上新台阶的目标。

（三）结合"互联网+"，优化升级企业档案信息化发展

为了提升档案管理的信息化和可视化水平，A公司建立了一座基于

物联网技术的智能化档案室。新建成的智能化档案室通过数字化和一体化管理，能够准确掌握卷宗在档案室中的存放位置、册数等详细信息，实现对档案的感知、定位和追踪，极大地提高了档案管理和利用的效率。

集团领导高度重视智能化档案室的建设工作。党委书记、董事长亲自为档案室选址，每周都会了解建设进展情况，督促工作人员抓好进度、质量和安全管理；党委副书记、副董事长作为分管领导，他们从选址策划到建设验收以及日常管理，全程跟进档案室的建设，并多次到现场检查和指导工作。

在启用活动上，公司领导对区档案馆的支持和帮助表示了敬意和感谢，并对公司的档案管理工作提出了要求：第一，公司要规范档案管理制度，在完善管理体系的基础上，勇于突破和创新；第二，公司要不断提高档案管理工作人员的专业素养，提升档案工作在公司高质量发展中的服务功能；第三，公司要查漏补缺，抓好反馈问题的整改工作，不断巩固档案综合管理的成果；第四，公司要充分利用现有条件，统筹管理各单位和部门零散的档案材料，并在现有基础上思考如何进一步提升，力争打造成为新型的数字档案室，提高资料检索速度，真正做到“存得齐、管得好、查得快”。

区档案馆领导对集团公司的档案管理工作和档案室基础建设表示充分肯定，并希望公司能够继续增加人力和物力投入，努力实现建成区第一个数字档案室的目标。

公司通过建设智能化档案室，实现了档案资源的数字化、管理的规范化和利用的便捷化。未来，公司将进一步推动档案室的数字化转型和跨越式发展，为区国有企业的档案管理工作升级树立标杆。

（四）总结企业档案信息化高质量发展的实施步骤

从广州A公司成立档案室整理企业档案工作到2022年在企业档案信息化发展中取得的进展来看，可将企业档案信息化高质量发展的实施步骤总结如下。

1. 确定发展目标和需求

企业需要明确档案信息化的发展目标，根据实际需求确定信息化的范围和内容，包括确定数字化转型的重点领域、提高档案管理效率的目标和需求。

2. 制定信息化发展规划

企业需要制定详细的档案信息化发展规划，包括项目计划、时间表和资源配置。规划要考虑档案管理的各个环节，如数字化扫描、电子档案管理系统的建设、信息共享平台的搭建等。

3. 建设信息化基础设施

企业需要确保信息化基础设施（包括网络设备、服务器、存储设备等）的建设和运维，以支持档案信息化系统的运行和数据的安全存储。

4. 实施数字化转型

企业需要进行档案的数字化转型［包括对纸质档案进行扫描、OCR（光学字符识别）、元数据提取等工作］，将纸质档案转化为电子档案，并建立档案数字化管理系统。

5. 建设电子档案管理系统

企业需要根据需求选择和建设适合的电子档案管理系统，以实现档案的在线管理、检索和共享。系统应具备高效、安全、可靠的特点，能够满足档案管理的各项需求。

6. 推进信息共享与互联互通

企业需要建立档案信息共享平台，促进档案管理部门与其他相关部门之间的信息互联互通和共享，提高信息利用效率，为决策提供支持。

7. 加强档案管理人员培训

企业需要加强对档案管理人员的培训，提升他们的信息化技能和专业知识，使其能够熟练操作档案信息化系统，有效地开展档案管理工作。

8. 健全信息安全保障机制

企业需要确保档案信息的安全性和完整性，建立信息安全管理制度，采取措施防范信息泄露、数据丢失等风险，并定期进行信息安全风险评估和应急预案的制定。

9. 完善监督和评估机制

企业需要建立档案信息化的监督和评估机制，定期对档案信息化系统的运行情况进行评估和优化，及时发现问题并进行改进，确保档案信息化的持续高质量发展。

第三章

企业电子文件归档与电子档案管理高质量发展研究

第一节　企业电子文件的概念及特点

一、电子文件的定义与性质

电子文件是现代社会的一个重要组成部分，无论是在企业环境中，还是在个人生活中，我们都在与电子文件打交道。电子文件的定义是广泛的，它包括在特定环境中生成的所有数字信息，这些信息以光盘、磁盘或其他形式的数字存储设备为载体，可以利用计算机等数字设备进行阅读、整合，并通过互联网进行传输。

电子文件相比传统的纸质文件，其首要特点就是数字化，这一特性使电子文件在传播、存储、检索等方面具有优势。电子文件具有无形性，它不占据物理空间，只存在于电子设备中，这使大量文件的存储和传输变得极其方便。电子文件也可以方便地进行复制、修改和删除，这在传统的纸质文件中是难以实现的。

电子文件具有多样性，包括文字、图像、音频、视频等多种类型的内容，可以承载和传输各种复杂的信息，这为信息的共享和传播提供了更大的可能性。电子文件的这种多样性，使其在教育、科研、商业等各个领域都得到了广泛的应用。

电子文件尽管有许多优点，但也存在一些挑战和问题。电子文件的保存和管理需要相应的硬件和软件设施，这对于某些地区和组织可能是一项重大的投资。电子文件的安全问题也是一大挑战，因为电子文件容易被复制和传播，所以对于含有敏感信息的电子文件，如何防止未经授权的访问和使用成了一个重要问题。电子文件的持久性也是一项挑战，随着技术的发展，一些旧的文件格式可能会变得无法读取，这就需要进行格式的转换和升级，以保证电子文件的持久可用。

二、电子文件的特点

随着办公自动化、现代化的推进，电子设备逐渐替代了纸质办公，各种电子商务、电子政务飞速发展，电子文件归档与电子档案管理新模式的构建显得更加重要。从电子文件、电子档案的特点出发，做好电子文件归档与电子档案管理的优化完善，是新时代相关工作人员研究的重点。

（一）电子文件的易用性与灵活性

电子文件在易用性与灵活性方面的表现突破了传统纸质文件的限制。

电子文件的易用性使其不仅可以在各种电子设备上打开和编辑，还可以方便地进行分享和传输。电子文件不需要物理介质的存在，所有的操作（包括创建、编辑、存储和分享）都可以在电子环境中进行，这使人们可以在任何时间、任何地点处理文件，进一步提高工作的效率和效果。在电子设备上处理文件，不仅提供了无与伦比的便利性，也让人们可以更加灵活地处理信息。电子文件能够在短时间内轻松修改和更新，避免了在纸质文件中频繁修改可能带来的混乱和浪费。在数字化的环境中，人们可以随时保存和恢复历史版本，不必担心信息的丢失。电子文件的修改和更新也不会产生废弃物，有助于环保。

电子文件的灵活性为满足不同的需求提供了可能。在快速变化的工作环境中，新的需求和问题不断出现，电子文件可以随时进行调整，以适应这些变化。无论是格式的转换，还是内容的添加、删除和修改，电子文件都可以在不影响原有信息的情况下进行。这为电子文件的使用带来了极大的便利性，也为我们的工作和生活提供了更多的可能性。

在今后的发展中，随着技术的进步和普及，电子文件将在更多的领域发挥重要的作用，为企业带来更多的便利和效率。

（二）电子文件的存储与传输

电子文件的存储方式具有许多独特的优点。由于电子文件是以二进制形式存储的，这意味着电子文件可以存储在各种数字介质上，包括硬盘驱动器、固态硬盘、闪存卡以及现代的云存储服务。这种形式的存储方式允许我们存储大量的信息，而占用的物理空间却极小。例如，在一个普通的USB闪存驱动器上，我们可以存储数千个文档、数百张图片和数小时的视频，而同样的信息量，如果用纸质文件存储，可能需要占用一整个房间的空间；在云存储环境中，我们可以将几乎无限的数据存储在远程的服务器上，这些数据可以随时随地通过互联网访问，这种存储方式极大地提高了数据存储的灵活性，我们可以根据需要随时扩展存储容量，而不需要担心设备损坏或者遗失带来的数据丢失问题。

除了存储方面的优势，电子文件的另一个显著特点是其传输的便利性。与传统的纸质文件需要通过邮件或者物流来传输不同，电子文件可以通过电子邮件、网络共享、云存储服务等方式，几乎瞬间就可以被传输到世界的任何角落。这意味着，无论在何处，无论是什么时间，只要有网络连接，我们就可以发送或者接收电子文件。这种传输方式突破了物理距离的限制，使远程协作成为可能。在全球化的今天，这种方式尤其重要，如企业可以在不同的地点进行生产和研发，学者可以在不同的国家进行合作研究，朋友和家人可以在长途旅行中分享照片和视频。这一切都得益于电子文件快捷便利的传输方式。

电子文件的存储和传输方式，不仅提供了巨大的便利，也大大提高了工作和生活的效率。而这种便利性和效率，正是电子文件无法被其他替代的优势。

（三）电子文件的安全性与保护问题

对于电子文件来说，安全性和保护问题是需要关注的重要因素。在数字世界中，信息的复制和传播变得异常容易，这为电子文件的安全性和保护带来了挑战。如果没有适当的保护措施，电子文件可能会遭到未经授权的访问和使用。例如，无意中泄露的敏感信息可能被恶意的第三方捕获，并用于不正当的目的，这就需要档案人员对电子文件进行严格的安全管理。

在管理电子文件的安全性和保护问题方面，我们可以采取一系列的措施。例如，我们可以通过设置访问权限来限制哪些人可以访问哪些文件，这不仅可以避免敏感信息的意外泄露，也可以防止未经授权的访问和修改；也可以使用密码保护来确保只有知道密码的人才能访问特定的文件，这一点在处理私人或敏感信息时尤其重要；还可以采用数据加密技术，对电子文件进行额外的保护，即使电子文件被拦截，没有解密密钥，第三方也无法读取文件的内容。

然而，仅仅通过控制访问权限、密码保护和数据加密，我们并不能完全解决电子文件的安全性和保护问题，还需要防范恶意软件、计算机病毒和网络攻击。这些威胁可能会对电子文件造成损害或者让文件成为他人的攻击目标。因此，我们需要定期更新防病毒软件，保持系统的安全性，并时刻警惕网络中的各种威胁。

除此之外，硬件故障或其他意外情况也可能导致数据的丢失。因此，定期备份数据是非常重要的。通过在不同的介质或者位置保存数据的副本，我们可以在遇到问题时恢复数据，避免数据的永久性丢失。

电子文件的安全性和保护问题，无疑是个挑战，但是通过持续的技术创新和有效的管理策略，我们可以克服这些挑战，确保电子文件的安全和可靠使用。电子文件的安全性和保护不仅是一个技术问题，也是一个管理问题，需要企业全面而深入地考虑，才能在享受电子文件带来的便利的同时，确保数据安全。

第二节 企业电子文件的形成、分类与保管

一、企业电子文件的形成

（一）企业电子文件的生成过程

企业电子文件的生成是一个复杂而连续的过程。企业首先需要对其业务需求进行深入的理解和分析，明确需要生成哪些类型的电子文件。这通常需要企业对业务流程、工作任务、信息需求等进行评估和规划。企业电子文件的需求包括内部报告、项目文档、会议记录、财务数据、技术说明书等各种类型的文件。

基于需求分析的结果，企业员工可以开始创建电子文件。这通常需要员工使用各种应用程序（如文字处理器、电子表格、演示软件等）来生成信息原始内容，这些信息可能是文字、数据、图像、音频、视频等不同格式，可能出现在电子邮件、办公文档、数据库、网站等不同的平台上。在这个阶段，信息是未经整理、尚未成型的，员工需要按照企业的规定和标准来操作，以确保电子文件的质量和一致性。

企业电子文件有相当一部分需要进行文件收集，这往往是企业无纸化办公环境下极为重要的一环，因为这不仅涉及组织内部的信息管理，也直接关系到工作效率和数据安全。针对企业的实际需求，电子文件的收集范围应包括以下几个方面。

1. 企业内部生成的各类文件

企业内部常常需要收集由电脑等设备生成并打印或发布的电子公文

和各类报表。这些文件通常是企业日常运营的重要组成部分（如内部通知、会议纪要、工作报告、业绩统计等），它们为组织内部的信息交流和决策提供了基础。

2. 法律法规、企业制度修改过程中生成的新文件

当涉及法律法规文件的修订时，过程中可能会产生新的电子文件，这些文件需要被妥善收集。因为这些文件往往关乎企业的合规性和法律责任，其重要性不言而喻。

3. 技术含量较高的文件

一些技术含量较高的文件，也是收集的对象。这些文件通常包含了企业的核心技术和知识产权，对于保护企业的竞争优势具有关键作用。

4. 各种场景下的不同类型的电子文件

针对企业不同的业务需求，电子文件的收集也会有所不同。例如，对于文书档案，所有经过数字化处理的文件都要收集；对于会计档案，在会计电算化过程中产生的所有数据都要记录到档案中；对于科技档案，项目立项申请开始之后，所有进行数字化处理的文件都要收集。此外，设备配置的各类说明书、数码设备录制的电子文件、软件磁盘内存储的数据以及单位内部邮箱系统内的电子邮件等，都需要被系统地收集和管理。

为了保护这些电子文件的安全，企业还需要建立一套有效的文件管理机制，并定期对这些文件进行压缩保存，以防系统出现意外事故，造成文件丢失。文件收集需要有明确的规则和流程，以确保收集到的文件是完整、正确和可用的。

在一些特殊情况下，创建的电子文件需要经过一系列的审批或者验证过程，包括管理人员的审批、同行的审核、法律或者合规性的检查

等。审批过程是确保电子文件的正确性和适用性的重要环节。创建并审批过的电子文件将被保存在某种形式的存储介质上，如硬盘、闪存、光盘或者云存储。存储过程需要考虑数据的持久性、完整性和安全性。

（二）企业电子文件的格式与标准

企业电子文件的格式与标准是确定电子文件在“生命周期”中如何存储和使用的关键因素。文件格式决定了电子文件的内部结构和外部表现形式，标准则确定了电子文件的互操作性和一致性。

1. 电子文件的格式

电子文件的格式大致可以分为两类：开放格式和专有格式。开放格式的规范通常是公开的，可以被任何人使用和实现，如 HTML、PDF、ODF 等。专有格式的规范通常是被特定的公司或者组织控制的，如 Microsoft 的 .doc 和 .xlsx 格式。不同的文件格式有不同的特点和适用场景，企业需要根据自己的需求来选择合适的文件格式。

2. 电子文件的标准

标准是保证电子文件在不同系统、不同软件、不同时间之间可以兼容和正常使用的基础，包括文件格式的标准、元数据的标准、编码的标准、交换的标准等。例如，ISO 2709 是一个用于书目数据交换的标准，Dublin Core 是一个用于描述资源的元数据标准，Unicode 是一个用于文本数据的编码标准。企业应该尽可能地遵循公认的标准，以保证电子文件的长期可用性和互操作性。

（1）ISO 2709。ISO 2709 是一个国际标准，主要用于书目数据交换。图书馆、出版商和其他类似的组织使用此标准能够确保不同系统之间无障碍地交换书目数据。例如，一家图书馆需要从一个大型图书数据库导入书目信息，那么这个数据库就需要提供符合 ISO 2709 标准的数据，这样无论这个图书馆使用的是什么系统，都能够读取和理解这些数据。

（2）Dublin Core。Dublin Core 是一个元数据标准，主要用于描述各种资源，包括电子文档、图像、音频和视频等。它定义了 15 个基本的元素（包括题名、创建者、主题、描述、出版者等），可以用于描述和索引各种类型的资源。例如，一份电子文档可以使用 Dublin Core 来描述文档的题名、作者、发布日期、主题等信息，这样就可以方便地在系统中查找和管理这份文档。

（3）Unicode。Unicode 通常用于电子文本的编码，包含了几乎所有的现代和古老的书写系统的字符，可以用来表示几乎所有语言的文本。在 Unicode 标准下，每一个字符都用一个唯一的数字表示，这样就可以在不同的系统和软件之间准确地传递和显示文本。例如，一个在国外的企业可以使用 Unicode 标准来创建和存储中文文档，然后这份文档可以被一个在国内的企业正确地读取和显示。

二、企业电子文件的分类与保管

（一）企业电子文件的分类整理

企业电子文件的分类整理工作是电子档案管理的基础，在日常运营中起到关键作用。这个过程主要涉及对收集的电子文件进行分类、整合和排序，使原本分散和混乱的电子文件能够按照电子档案管理的标准被有序地、完整地储存在档案系统中。

企业可根据文件的种类（如经营管理类、生产技术管理类、科学技术研究类、设备类、职工管理类等）将电子文件进行分类。这样可以保持文件系统的有序性，方便后续的检索和管理工作。

电子文件通常是在不同系统中产生和储存的，这就需要企业对电子文件进行整合。对于格式各异的电子文件，企业应该对其进行必要的转换或排列，以便这些电子文件可以在统一的档案系统中被管理和使用。为了方便后续的查找和使用，企业应该对电子文件进行排序，排序可以根据文件的创建日期、作者、类型、主题等不同的属性进行。为了保证每个电子文件的唯一性和可追溯性，企业应该为每个文件分配一个唯一的编码，这个编码可以在后续的文件管理、检索和使用中起到关键的作用。为了保证电子文件的真实性和完整性，企业需要对电子文件进行定期的维护，包括检查文件的完整性、更新文件的元数据、备份文件等。企业还可以构建一个电子档案数据库，有效地管理和检索所有的电子文件。在数据库中，用户可以根据文件的各种属性（如作者、创建日期、主题等）进行查询，从而快速地找到需要的文件。

（二）企业电子文件的保管技术

企业电子文件的保管要求相较于纸质档案更加严格和复杂。其保管技术应涵盖以下几个方面。

1. 提高密闭程度和结构隔热防潮措施

为减少室外空气对库房温度和湿度的影响，档案库房的结构应采取必要的隔热和防潮措施。企业可以使用隔热材料对库房进行绝缘处理，确保内部温度的相对稳定；也可以采取防潮措施（如防潮层、密封门窗等），以防止湿气进入库房并影响电子档案的保存质量。

2. 空气调节装置

企业可以在档案库房内设置恒温恒湿的空气调节装置，使库房的温度和湿度在合理的范围内波动。这可以通过空调系统、湿度控制设备等实现，确保库房内环境的稳定性，从而保护电子档案光盘的物理特性和数据完整性。

3. 库房的清洁卫生和室内空气净化

保持库房的清洁卫生十分重要，特别是对于电子档案而言，定期清洁库房的灰尘和污垢可以减少光盘表面的污染和损伤。室内空气净化也是必要的，企业可以采用空气净化设备过滤空气中的有害物质（如酸、碱等有害气体），以保持库房环境的纯净度。

4. 防火和防虫鼠措施

为了确保电子档案的安全性，档案库房应配备消防设施和系统（如火灾报警器、灭火器等），以应对潜在的火灾风险。防虫鼠措施也十分重要，企业可以采取防虫鼠网、灭虫剂等措施，防止昆虫和啮齿动物对电子档案造成破坏。

5. 电子档案装具的选择

电子档案的装具宜选用专门的电子档案夹，并竖立存放在档案柜中，这样可以避免光盘因挤压而弯曲变形，也方便文件的管理和检索。电子档案的保管设备可以选择具有防磁、防光、防尘等特点的音像防磁档案柜或可控温度档案柜，这些设备可以提供稳定的温度和湿度环境，有效地保护电子档案的安全性和保存质量。

（三）企业电子文件的长期保存策略

企业电子文件的长期保存策略需要综合考虑文件格式选择、元数据管理、存储策略、安全措施、文件审计与验证以及归档与销毁策略等方面。通过科学合理地制定和执行这些策略，企业可以有效地保护电子文件的完整性、可访问性和可信度，实现电子档案的长期保存和高效利用。

1. 选择适当的文件格式和标准

选择适当的文件格式是长期保存电子文件的重要基础。企业应该选择广泛接受并支持的开放标准文件格式，如 PDF、XML 等。这些文件格式具有广泛的兼容性和可读性，可以保证文件在不同系统和软件之间的互操作性。企业还应遵循相关的文件格式标准［如国际标准化组织（ISO）制定的文件格式标准］，以确保文件的长期可读性和可访问性。

2. 保留运行环境信息

为确保电子文件的重现和可用性，企业应适当保存与电子文件运行环境相关的信息，包括操作系统、应用软件版本、硬件配置等。这些信息对于正确读取和重现电子档案至关重要，在后续利用电子档案时，企业可以根据保存的环境信息重新配置相应的软、硬件平台，以保证电子文件的正确重现。

3. 建立良好的元数据管理系统

元数据是描述和管理电子文件的重要信息，包括文件的内容、结构、格式、权限等。建立良好的元数据管理系统可以提供对电子文件的准确描述和有效组织，有助于文件的检索和审计。元数据应根据业务需求和标准规范进行定义，并与文件关联和维护，以确保文件的完整性和可追溯性。

4. 制定合理的存储策略

长期保存电子文件需要考虑存储策略。企业应选择可靠的存储介质（如高质量的硬盘驱动器、光盘、磁带等），以确保文件的安全性和可持久性。企业应采取多副本和冗余存储的策略，将文件备份存储在不同的地点，以防止单点故障和灾难性数据丢失。

企业要定期进行数据迁移和备份检验，确保存储介质的稳定性和可读性。随着技术的发展，电子档案载体也在不断更新，旧的载体可能不再与主流软件和硬件兼容。因此，企业需要进行信息转换和迁移，将旧版电子档案信息转录到新的载体上，以确保信息的可读性和可访问性。例如，企业可以将5英寸软盘上的电子档案转录到3.5英寸软盘或其他主流存储介质上，这样可以避免信息在过时载体上的丢失和无法读取的问题，保障电子档案的长期保存和可持续利用。

5. 制定有效的安全措施

电子文件的长期保存需要考虑安全性问题。企业应建立完善的信息安全管理制度和安全控制措施（包括访问控制、身份认证、加密技术等），以保护电子文件的机密性、完整性和可用性。由于操作系统和应用软件的更新换代速度较快，企业需要定期检查和更新电子档案的运行环境。建议每2～3年对电子档案的有效性和安全性进行检查，以确保档案能够在新的软件环境中正确读取和重现。这需要企业关注操作系统和常用软件的更新情况，并进行兼容性测试。如果旧版电子档案无法在新版软件环境中正确读取，企业应使用相应的软件进行转换，或者注明所需的运行环境和相关软件，以备后续利用时的安装和配置。

为了确保电子文件的完整性和可信度，企业应定期进行文件的审计和验证（包括对文件进行完整性校验、数字签名验证等操作），以确保文件在保存过程中未被篡改或损坏。企业还可以实施文件的定期抽样验证和验证存储系统的可靠性，以保证电子文件的长期保存和可信度。

6. 制定合适的归档和销毁策略

根据文件的价值和保留期限，制定合适的归档和销毁策略是电子文件长期保存的重要环节。企业应根据相关法律法规和业务需求，明确文件的保留期限，并制定相应的归档和销毁规则。在归档阶段，企业应采用合适的归档工具和技术，确保文件的有序归档和便捷检索。而在销毁阶段，企业应遵循文件销毁的相关规定，采取安全可靠的销毁方法，确保文件的安全销毁和信息的彻底擦除。

第三节　企业电子文件归档与电子档案管理高质量发展的原则及方法

一、企业电子文件归档与电子档案管理高质量发展的原则

（一）高质量电子文件归档的基本原则

企业电子文件归档的基本原则包括真实性原则、完整性原则、归档范围和保管期限原则、双套制归档原则、载体原则、归档载体标签原则。遵循这些原则可以确保企业电子文件的有效管理和高质量保存。

1. 真实性原则

电子文件形成部门必须确认归档电子文件内容的可靠性，确保文件的真实性、稿本的准确性以及双套文件的一致性。这意味着在归档过程中，企业需要对电子文件的内容进行验证和审查，以确保文件的真实性和可信度。

2. 完整性原则

为了保证电子文件的完整性，企业需要确保归档电子文件及其相关文件和元数据的齐全，并且彼此之间具有有效的关联。企业还可以将电子文件的办文单打印成纸质文件，与电子文件一并归档。归档时企业应将电子文件的机读目录、相关软件和其他说明等一同归档，并填写《归档电子文件登记表》，如表 3-1、表 3-2 所示。这些措施可以增加电子

文件归档的可读性和可管理性。

表 3-1　归档电子文件登记表（1）

<table>
<tr><td rowspan="5">文件特征</td><td>形成部门</td><td colspan="5"></td></tr>
<tr><td>完成日期</td><td colspan="2"></td><td>载体类型</td><td colspan="2"></td></tr>
<tr><td>载体编号</td><td colspan="5"></td></tr>
<tr><td>通讯地址</td><td colspan="5"></td></tr>
<tr><td>电话</td><td colspan="2"></td><td>联系人</td><td colspan="2"></td></tr>
<tr><td rowspan="4">设备环境特征</td><td>硬件环境（主机、网络、服务器型号、制造商）</td><td colspan="5"></td></tr>
<tr><td rowspan="3">软件环境（型号、版本）</td><td>操作系统</td><td colspan="4"></td></tr>
<tr><td>数据库系统</td><td colspan="4"></td></tr>
<tr><td>相关软件（文字处理工具、文字浏览器、压缩、解密软件）</td><td colspan="4"></td></tr>
<tr><td rowspan="4">文件记录特征</td><td rowspan="2">记录结构（物理、逻辑）</td><td rowspan="2"></td><td rowspan="2">记录类型</td><td rowspan="2">□定长
□可变长
□其他</td><td>记录总数</td><td></td></tr>
<tr><td>总字节数</td><td></td></tr>
<tr><td>记录字符及图形音频、视频文件格式</td><td></td><td></td><td></td><td></td><td></td></tr>
<tr><td>文件载体</td><td>型号：
数量：
备份数：</td><td colspan="4">一件一盘（　）一件多盘（　）
多件一盘（　）多件多盘（　）</td></tr>
<tr><td rowspan="8">文件交接</td><td>送交部门</td><td></td><td></td><td></td><td></td><td></td></tr>
<tr><td>通讯地址</td><td></td><td></td><td></td><td></td><td></td></tr>
<tr><td>电话</td><td colspan="2"></td><td colspan="2">联系人</td><td></td></tr>
<tr><td colspan="6">送交人（签名）</td></tr>
<tr><td>接收部门</td><td colspan="5"></td></tr>
<tr><td>通讯地址</td><td colspan="5"></td></tr>
<tr><td>电话</td><td colspan="2"></td><td colspan="2">联系人</td><td></td></tr>
<tr><td colspan="6">接收人（签名）</td></tr>
</table>

表 3-2　归档电子文件登记表（2）

文件编号	题名	形成时间	文件版本代码	文件类别代码	载体编号	保管期限	备注

3. 归档范围和保管期限原则

电子文件应根据国家和市级有关规定和标准确定归档范围和保管期限。除了一般的电子文件，具有保存价值的照片、音频和视频文件以及公务电子邮件等也应列入归档范围。重要电子文件的正本、定稿、签发稿、处理单、修改稿和留痕信息也应完整归档。

4. 双套制归档原则

具有永久保存价值或其他重要价值的电子文件应转换为纸质文件或缩微品，并与电子文件同时归档。对于定期保存的电子文件，企业可以根据实际需要决定是否采用异质双套归档。对于法律法规规定的不适用电子签名的电子文件，企业在归档时应附加有法律效力的纸质签署文件。

5. 载体原则

企业应将带有归档标识的电子文件制成归档数据集，并存储在耐久性的载体上。推荐使用的归档载体按优先顺序分为只读光盘、一次写光盘、磁带、可擦写光盘、硬磁盘等。选择适合的载体有助于提高电子文件的长期保存性和可访问性。

6. 归档载体标签原则

存储电子文件的载体或装具应贴有标签，并在标签上注明载体序号、全宗号、类别号、密级、保管期限、存入日期等信息。归档后的电子文件载体应设置为禁止写操作的状态。对于光盘等载体，企业应使用特制的光盘标签打印机打印在特制的光盘空白背面上，以避免对光盘和光盘驱动器造成损坏。

（二）高质量电子文件归档的具体方法

企业电子文件归档可按照归档的实际存储位置，分为物理归档和逻辑归档两种方法；根据电子文件的移交方式，又可分为在线归档和离线归档两种方法。企业可以根据实际情况选择适合自己的归档方式，以确保电子文件的安全性和有效管理。

1. 物理归档

物理归档是一种将电子文件集中下载到可脱机保存的载体上，并向档案部门移交的实体归档过程。它类似于纸质文件的归档方式，通过将电子文件存储在物理载体（如光盘、硬盘或磁带等）上，将保管权直接交给档案部门进行统一存储保管。物理归档的主要特点是安全性较高。由于电子文件存储在实体载体上，只有授权人员可以访问和处理这些载体，从而减少了数据泄露和篡改的风险。档案部门负责维护整个物理归档系统（包括存储介质的安全、备份、保护和访问控制等），确保电子文件的完整性和可靠性。

物理归档可以采用不同的载体，根据需求选择合适的存储介质。常用的载体包括只读光盘、一次写光盘、磁带和硬盘等，企业可根据电子文件的数量和大小选择合适的存储设备。物理归档还需要进行载体标识（如贴上标签，注明载体序号、全宗号、类别号、密级、保管期限和存入日期等信息），以便后续的检索和管理。

2. 逻辑归档

逻辑归档是一种在计算机网络环境下进行的电子文件归档方式，它不改变原始文件的存储方式和位置，而是将电子文件的管理权限移交给档案部门。相比物理归档，逻辑归档保留了电子文件在原业务系统中的存储位置，归档文件的著录信息、存储地址以及元数据则自动保存到档案部门的数据库中，以便档案部门对其进行管理和控制。

逻辑归档的主要特点是实现了电子文件的共享利用性。由于电子文件仍然存储在原始的业务系统中，相关部门可以继续使用和访问这些文件，实现信息的共享和利用。归档文件的著录信息和元数据则被保存在档案部门的数据库中，使档案部门能够对归档文件进行跟踪、检索和管理。与此同时，逻辑归档也存在一些挑战和安全风险。由于电子文件分散存储在不同的业务系统中，增加了数据泄露、篡改或丢失的风险。为了确保电子文件的安全性，档案部门需要加强安全检查和监督，确保各个业务系统的安全措施和访问权限的管理。

逻辑归档的实施需要进行系统集成和数据交换，确保归档文件的著录信息和元数据能够准确地传输到档案部门的数据库中。这通常需要企业制定统一的数据格式标准和接口规范，以便不同系统之间进行数据交换和共享。此外，逻辑归档还需要考虑业务系统的稳定性和可靠性，确保归档文件能够长期保存和访问。

3. 在线归档

在线归档是一种将电子文件及其元数据通过计算机网络向档案部门移交的归档方式。它依赖于网络的可用性和性能来实现文件的传输和存储。在线归档的主要特点是实时性和便捷性，它可以快速将电子文件传输到档案部门进行归档，也方便了用户在需要时可以随时访问和检索归档文件。

在线归档适用于文本类电子文件，因为文本类电子文件通常具有较小的文件大小，可以比较容易地通过网络进行传输。对于多媒体电子文件（如音频、视频或大型图像文件），网络性能成为一个重要的考虑因素。网络性能如果无法满足多媒体文件的传输需求，可能会导致传输时间延长或传输中断，影响在线归档的实行。

为了减少在线归档对网络信息共享利用造成严重影响，企业应避免在网络使用高峰时间进行归档操作。在高峰时间，网络的负载相对较高，此时归档可能会影响其他用户的网络体验。在网络相对空闲的时间段进行在线归档，可以减少对网络性能和其他用户的影响，保证网络的正常运行和信息共享的顺畅进行。

在线归档的实施还需要考虑数据传输的安全性和稳定性。电子文件在传输过程中可能面临数据泄露、篡改或丢失的风险，因此采取安全加密措施和数据完整性验证机制对数据进行保护是必要的。在线归档也需要保证系统的稳定性，确保归档文件能够正确传输和存储，以避免数据丢失或损坏。

4. 离线归档

离线归档是一种将电子文件及其元数据存储到可脱机存储的载体上，然后向档案部门移交的归档方式。它适用于那些没有在线归档功能或无法满足在线归档条件的情况。离线归档的主要特点是将电子文件从原始业务系统中导出到独立的存储载体上，然后将这些载体交给档案部门进行归档管理。

在离线归档中，光盘、硬盘或其他可移动存储介质通常被用作存储载体。电子文件一旦被复制到这些载体上，就可以通过物理介质进行传递和交付。这种归档方式的优点之一是它的独立性和灵活性，不依赖特定的网络或系统环境，使电子文件的归档可以在不同的地点和时间进行。

离线归档适用于需要将大量电子文件进行集中存储和长期保存的情况。对于工程项目、研究资料、历史文献等大规模的电子文件集合，离线归档提供了一种可行的解决方案。将电子文件导出到存储载体上，可以确保这些文件的完整性和安全性，并提供离线环境下的访问和检索能力。

然而，离线归档也面临一些挑战。由于离线归档不依赖网络，所以传递存储载体的过程可能需要物理交付和运输，这就增加了管理和物流的复杂性。离线归档需要对存储载体进行有效的标识和管理，以确保文件的溯源和定位。对于长期保存的电子文件，离线归档需要考虑存储介质的耐久性和可靠性，以防止数据损坏或丢失（包括制定合适的存储介质选择和标识规范、建立存储载体的追踪和管理系统、定期进行数据备份和校验等措施）。

因此，在进行离线归档时，企业需要制定详细的归档策略和管理流程，确保电子文件的完整性、安全性和可访问性，以保证离线归档的有效性和可持续性。

二、企业电子档案高质量管理的策略

（一）制定明确的企业电子档案的安全管理政策

企业应该制定明确的电子档案安全管理政策，明确电子档案的管理目标、管理原则和管理流程，以确保电子档案的完整性、安全性和可追溯性。企业还应根据自身需求选择适合的电子档案管理系统，以便有效地管理和维护电子档案。这些系统通常具有文件存储、索引和检索、权限管理、版本控制等功能，能够帮助企业实现电子档案的有效管理和利用。

企业应制定详细的电子档案归档制度，明确归档的时间、方式和责任人，并对归档过程进行监督和审核。这可以确保电子档案按照规定的流程进行归档，避免信息丢失或混乱。企业应建立健全的电子档案备份和灾备机制，确保档案数据的安全性和可恢复性。企业需要定期进行数据备份，并将备份数据存储在安全的地点，以防止数据丢失或损坏。企业还需要建立灾备计划，以应对突发事件或自然灾害，确保电子档案能够及时恢复和使用。

企业应加强对电子档案的安全管理，包括对电子档案的访问权限控制、加密保护、防病毒措施等。企业还需培训员工的信息安全意识和操作规范，减少人为因素对电子档案安全的影响。随着技术和业务的变化，企业应定期审查和更新电子档案管理策略，保持对新技术和最佳实践的关注，不断改进电子档案管理的方法和工具，以适应新的需求和挑战。

（二）建立健全的档案管理制度

在实现企业档案管理的数字化转型过程中，完善和精细化的企业档案管理制度体系是必不可少的。这种制度体系应该包含全面的档案管理制度、更深入的档案信息化制度以及针对特定情况的特别管理制度（这需要视不同企业业务性质而定）。这种综合性的制度体系可以确保企业档案管理的高效、全面和合规，从而推动企业档案管理的高质量发展。

企业需要建立详尽且全面的档案管理制度。例如，某集团针对自身档案资源管理的现状和需求，明确了文件材料的归档范围、归档时间和归档要求，特别是工程档案的归档范围和保管期限；该集团还制定了纸质档案数字化加工技术规范，规范了纸质档案数字化加工的技术和管理要求；在档案利用管理方面，该集团制定了涵盖档案管理全流程的利用管理制度，明确了档案利用过程中的权责划分。

企业需要加强档案信息化相关制度的建设。企业除建立电子文件归档与电子档案管理制度，明确电子文件的种类、范围、来源和收集方式，以确保电子文件收集的齐全与完整以外，还需要参考国家档案局的相关规定（如国家档案局印发的《电子文件归档与电子档案管理规范》《企业电子文件归档和电子档案管理指南》等相关标准），结合企业实际情况，对电子文件归档与电子档案管理制度进行制定和完善。

企业还需要建立电子文件归档元数据规范，因为元数据对于保障电子档案的真实性、提升电子档案的管理效率、开发电子档案的深层价值具有重要作用。

这种全面且精细化的企业档案管理制度体系能够为企业档案信息化的高质量发展提供坚实的基础。在这个制度体系的指导下，企业能够实现档案管理的数字化，从而提高档案管理的效率和效果，降低风险，提升企业的管理水平。

在电子档案管理过程中，建立健全的档案管理制度是确保企业电子档案管理效率和信息安全的重要举措。企业需要制定明确的档案管理政策和规范（包括文件分类与命名规范、文件存储与归档流程、访问权限和安全保护措施等），确保所有人员都了解和遵守相关要求。政策和规范能够适应企业的特定需求，并根据法律法规和行业标准进行更新和调整。

管理制度应明确档案管理的流程和责任分工，确保每个环节都有明确的工作要求和责任人。从档案的创建、归档、检索到销毁，每个环节都应该有明确的操作流程和相关记录。责任人要负责相应环节的执行，确保档案管理工作的顺利进行。

企业应建立档案管理的评估与监督机制，对档案管理工作进行定期评估和监督，确保制度的执行和效果。企业可以通过内部审计、档案管理质量检查、安全演练等方式，发现问题和不足，并及时采取改进措施；还可以对档案管理人员的绩效进行评估，根据表现给予奖励或采取纠正措施。

企业应为电子档案管理配置适当的技术工具和系统支持，提高档案管理的效率和安全性。这些工具和系统包括电子档案管理系统、文档管理软件、数据备份与恢复系统等。企业应加强信息安全措施（包括访问权限控制、数据加密、防病毒防火墙等），保护档案数据的完整性和保密性。

企业应建立档案管理绩效评估机制，通过指标和评价体系对档案管理工作进行评估。根据评估结果，企业能够及时发现问题和不足，并制订改进计划进行持续改进。另外，企业还需与相关部门和行业组织进行经验交流和借鉴，引入先进的档案管理理念和方法，不断提高档案管理水平。

（三）提高档案管理人员的业务能力

提高档案管理人员的业务能力是确保电子档案管理高效运作的关键。除了重视素质提升和引入新人才以外，企业还可以通过以下方法进一步提高档案管理人员的业务能力。

1. 深化电子档案管理知识

档案管理部门应该持续关注和学习电子档案管理领域的最新发展和技术。企业需要组织档案管理人员参加行业会议、研讨会、培训课程等，与同行交流经验，了解最新的技术趋势和最佳实践。此外，企业还需建立档案管理人员之间的学习分享平台，促进知识的共享和沉淀。

2. 掌握信息技术工具与系统

档案管理人员应该深入了解和掌握相关的信息技术工具和系统，以提高电子档案管理的效率和质量。档案管理人员需要熟悉电子档案管理系统的操作和配置，了解数据备份与恢复技术，掌握数据安全和防护措施等。通过培训和实践，档案管理人员可以更好地应对电子档案管理中的技术挑战和问题。

3. 发展跨学科技能

电子档案管理涉及多个领域的知识和技能，档案管理人员可以通过发展跨学科技能来提升自身的业务能力。档案管理人员需要了解法律法规和隐私保护政策，掌握数字化处理和数据分析技术，具备项目管理和团队协作能力等。拓宽自身的知识面和技能范围，能够使档案管理人员更好地理解和应用电子档案管理的原则和方法。

通过持续的培训和学习，档案管理人员可以不断提高自身的业务能力，适应电子档案管理的要求和挑战。组织内部可以建立良好的沟通和协作机制，鼓励档案管理人员之间的交流和合作，共同解决问题和推动创新。只有具备高水平业务能力的档案管理人员，才能更好地应对电子档案管理的变革与发展，为组织和用户提供优质的档案管理服务。

（四）完善档案网站管理建设

当前，很多企业的电子档案管理部门在构建档案网站时，还存在一定的不足。例如，网站没有明确的定位，网站上的电子档案信息比较落后等。因此，档案管理部门要充分发挥档案网站的作用，明确档案网站的定位，确定档案服务的目标，及时更新网站中的电子档案信息，结合不同用户的需求，为其提供不同的线上服务内容，使网站的利用效率大大提升，满足用户多元化的需求。

1. 明确档案网站的定位和目标

档案网站应明确定位，确定其服务对象和服务范围。档案管理部门可以根据不同用户群体的需求，划分网站的板块和功能，以便用户能够快速找到所需的电子档案信息和服务。例如，网站可以设置专门的搜索功能，提供便捷的电子档案查询服务；还可以提供在线申请、预约档案服务等功能，方便用户进行电子档案的获取和利用。

2. 及时更新网站中的电子档案信息

档案网站的信息内容需要及时更新。档案管理部门应建立信息更新机制，定期更新网站中的电子档案信息，包括新增档案、更新档案状态和归档位置等。通过及时更新信息，用户可以获得最新的电子档案资讯，提高查询的准确性和档案的利用效率。

3. 提供多元化的线上服务内容

档案网站可以根据不同用户的需求，提供多元化的线上服务内容。例如，针对学生和学者群体，网站可以提供在线查阅论文、学位证明等服务；针对事业单位，网站可以提供在线申请企业档案查询、证明开具等服务。通过为用户提供个性化的线上服务，档案管理部门能够更好地满足用户的需求，提高用户体验和满意度。

4. 提供用户反馈渠道

档案网站应设立用户反馈渠道，方便用户提出建议和意见。档案管理部门可以通过用户反馈，了解用户的需求和问题，并及时做出改进和调整。这种积极的反馈机制可以促进档案网站的持续改进和优化，提升用户满意度和使用体验。

5. 加强网站安全保护

由于档案网站涉及大量的电子档案信息，因此保障网站的安全性是至关重要的。档案管理部门应加强网站的安全防护措施，包括加密传输、访问权限控制、防止恶意攻击等。档案管理部门还需定期进行安全检查和漏洞修复，确保档案网站的安全可靠。

三、案例分析：成功的电子文件归档与电子档案管理实践

为了提升档案管理的效率和服务水平，实现档案信息的自动归档、便捷查询和资源共享，我们将档案系统与OA系统相结合，实现了单点登录、文件归档、审批推送、全文检索等功能以及下属企业拓展的多全宗管理模式。这些功能的综合利用，使用户在OA系统中完成审批流程后，能够将文件相关信息传送至档案系统进行自动归档，减少了工作量和著录错误。审批推送功能允许用户在档案系统中查询、利用档案时需要相关审批的情况下，将请求推送至OA系统进行审批，并记录利用信息。全文检索功能允许用户对电子文件内容进行检索，提供了更便捷的查询方式。下属企业拓展的多全宗管理模式实现了档案资源的共享和统一管理，将各子公司的电子档案信息提取、验证、存储，并通过档案中心系统提供利用服务。以下是档案系统与OA系统集成及新增功能场景介绍。

（一）单点登录

通过OA系统的配置集成菜单，用户用鼠标点击档案系统后直接进入档案系统中，无须再次输入档案系统的账号密码，实现了单点登录。

（二）文件（文书、合同、招投标类）归档

文书、合同、招投标类文件在OA系统经相关流程审批流转后，经办人可一键将文件相关信息从OA系统传送至档案系统，减少人为采集档案的工作量及著录出错率。归档信息包括字段信息、审批信息、附件信息等，其中字段信息由用户确认，审批信息为html文件，附件信息则为原始标准格式。这些文件经OA系统推送至FTP系统，由档案系统读取、解析、反馈。其流程如图3-1所示。

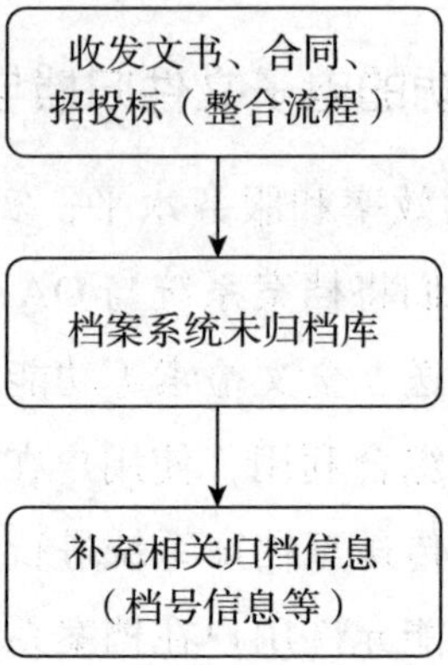

图 3-1　OA 系统归档流程图

OA 系统办结完的文件推送至档案系统流程操作展示如图 3-2、图 3-3 和图 3-4 所示。

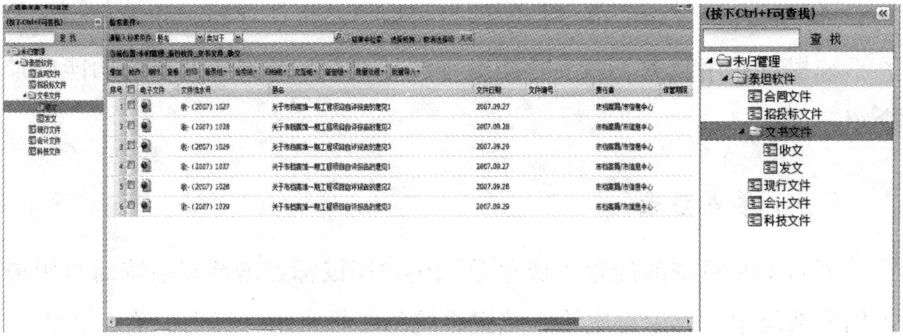

图 3-2　对应文件夹展示

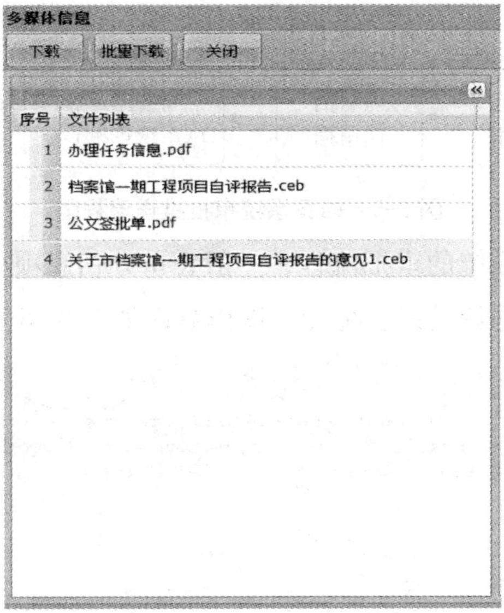

图 3-3　推送审批、附件信息操作展示

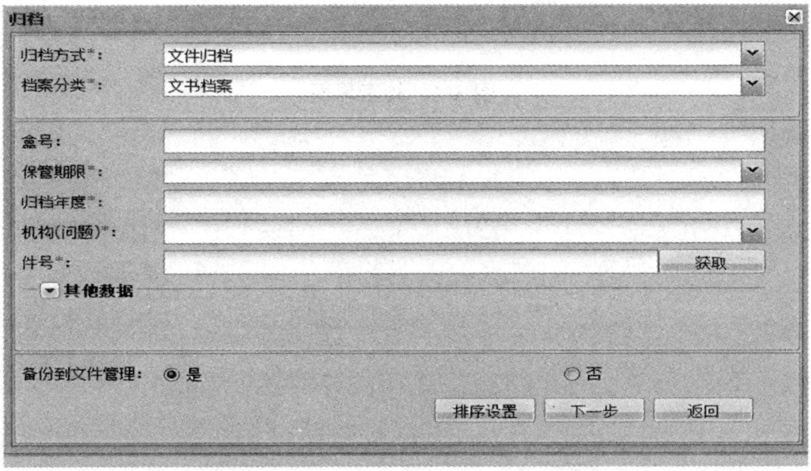

图 3-4　补充档号信息归档操作展示

（三）审批推送

一般用户在档案系统利用平台进行档案检索利用时，遇到未开放原文或需查实体档案的情况，需要进行相关审批，审批通过后系统会开放权限供用户查询，并记录、统计其利用信息。其流程如图 3–5 所示。

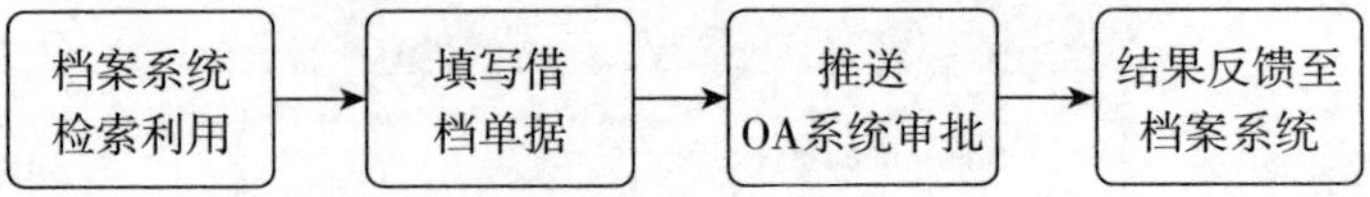

图 3–5　档案系统审批推送流程图

推送至 OA 系统的审批流程，一般在待办信息项中提示，审批结果推送回档案系统进行登记、统计，操作界面如图 3–6 和图 3–7 所示。

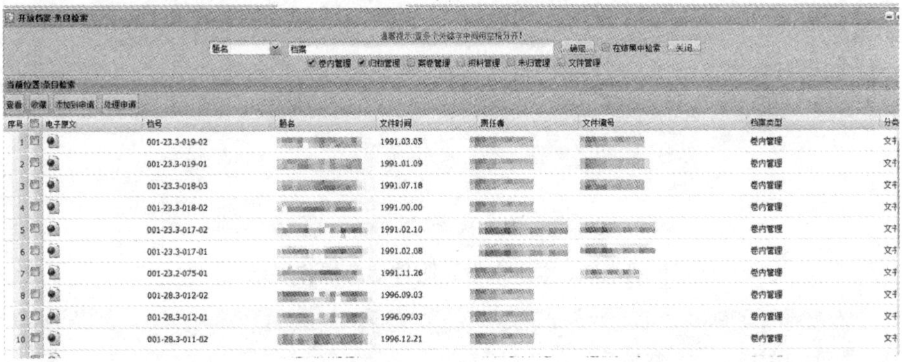

图 3–6　检索界面

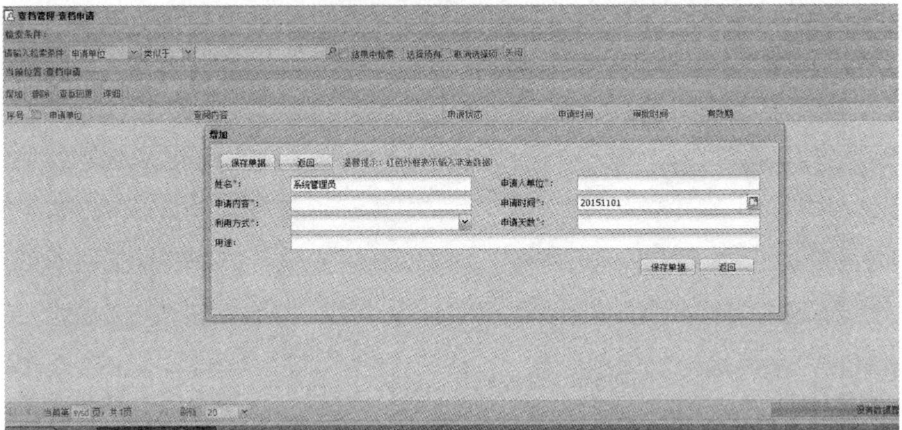

图 3–7　填写借档单据

（四）全文检索

系统提供一种针对电子文件内容查询的检索方式，档案管理员需先将管理平台中的电子文件进行开放，系统后台会自行对开放后的电子文件进行固化（PDF 格式）及识别，识别到的文字信息可供用户进行检索查找，如图 3–8 所示。

图 3-8　档案系统全文检索界面

（五）下属企业拓展的多全宗管理模式

系统借助公司现有的信息网络，采用“分级控制集中管理”模式，通过分布于下属全资子公司的档案资源分系统及时提取各公司在工作中形成的各门类、各种载体档案的电子文件信息，并对提取的电子文件信息进行三性（真实性、完整性、有效性）验证，然后利用档案资源管理中心系统进行收集、固化、安全存储，实现全公司的档案信息资源共享，通过档案中心系统的利用平台，统一向各部门、下属全资子公司提供档案利用服务。

系统拓展至下属全资子公司后，各公司单独管理，数据汇总于集团公司的档案系统服务器中。

第四章

企业档案信息数字化高质量发展研究

第一节　企业档案信息数字化概述

一、企业档案信息数字化的基本概念和要求

（一）企业档案信息数字化的基本概念

企业档案信息数字化是指企业将纸质档案转化为电子形式，利用计算机技术对档案信息进行录入、存储、管理和查询的过程。通过数字化处理，档案信息可以以电子文件的形式保存在计算机系统中，实现了档案的电子化、网络化和可检索化，为企业的档案管理和利用提供了更加便捷和高效的方式。数字化处理可以减少纸质档案的占用空间，提高档案信息的可追溯性和可访问性，降低档案管理成本，并为企业的决策和业务发展提供可靠的依据和支持。

（二）企业档案信息数字化的要求

1. 实现传统文档的数字化录入和转换

企业档案信息数字化需要将纸质档案信息通过扫描、拍摄或手动输入等方式转化为电子文件形式，确保信息的准确性和完整性。转换过程需要采用合适的数字化设备和技术，保证图像、文字清晰可读。

2. 对完成转换的数字化档案信息进行存储和管理

企业档案信息数字化需要将电子档案信息存储在计算机系统或云端

服务器中，建立统一的档案管理平台。通过合理的分类、编目和索引，企业能够实现档案信息的有序存储和便捷管理，确保档案信息的安全性和可靠性。适当的备份和防护措施也能够防止数据丢失或损坏。

3. 实现数据的实时检索和利用

数字化档案要求企业必须建立全文检索和查询系统，使用户可以通过关键词、属性或其他条件快速准确地检索和获取所需的档案信息。企业需要提供友好的用户界面和操作方式，方便用户进行浏览、打印、复制或下载等操作，满足不同需求的档案利用要求。

4. 统一数据标准和格式

为了实现档案信息的互通和共享，企业需要制定统一的数据标准和格式规范，确保不同系统之间的数据交换与共享的准确性和一致性。企业可以采用常用的标准格式（如 PDF、XML 等），使档案信息能够在不同平台和应用程序之间无缝转换和共享。

5. 实现安全和权限控制

企业需要对档案信息的访问和利用进行权限管理，确保只有授权人员能够查看和操作相关档案信息。合理的权限级别和访问控制策略能够保护档案信息的机密性和完整性，防止非法篡改或信息泄露。

二、国内外企业档案信息数字化的标准

我国和世界上其他许多国家都对档案信息数字化的标准进行了严格的规范，用于指导和规范企业档案信息的数字化处理。

（一）国内标准

1.DB11/T 765.1—2010《档案数字化规范》

DB11/T 765.1—2010《档案数字化规范》是我国国家标准，旨在指导和规范企业档案信息的数字化管理。该标准提供了一系列基本要求，涵盖了档案数字化采集、数字化存储、数字化检索和数字化利用等方面的内容。

（1）档案数字化采集。该标准确定了数字化采集的范围和目标，明确了需要数字化的档案类型和内容；制定了数字化采集的技术要求，包括图像分辨率、色彩模式、压缩方式等；确定了数字化采集的流程和方法，包括扫描设备的选择、扫描操作的规范等。

（2）数字化存储。该标准确定了数字化档案的存储格式和结构，包括文件格式、元数据标准等；制定了数字档案存储的安全措施，包括备份策略、权限管理、数据加密等；确保了数字档案的可持续性，包括长期保存、数据迁移和转换等方面的要求。

（3）数字化检索。该标准建立了档案信息索引体系，包括基本属性、关键词、分类代码等；制定了数字化检索的方法和工具，确保用户能够快速准确地检索所需的档案信息；确保了数字化检索的安全性和可靠性，防止未经授权的访问和篡改。

（4）数字化利用。该标准提供了档案信息的在线查询和浏览服务，确保用户能够方便地获取所需的档案信息；支持档案信息的打印、复制和下载，满足用户的个性化需求；确保数字化利用过程中的安全性和合规性，保护档案信息的机密性和完整性。

此外，该标准还包括档案数字化管理的组织与管理、技术要求、质量控制等方面的内容，旨在确保企业档案信息数字化管理的科学性、规范性和高效性。企业在进行档案信息数字化管理时，可以参考该标准的要求，制定相应的操作规程和管理措施，以确保档案数字化管理工作的顺利进行。

2. GB/T 33190—2016《电子文件存储与交换格式标准文档》

GB/T 33190—2016《电子文件存储与交换格式标准文档》规定了电子文件存储和交换的格式要求，包括电子文件结构、编码方式、文件格式、元数据、可持续存储和互操作性等方面的内容。

（1）电子文件结构。该标准规定了电子文件的结构组成，包括文件头部信息、数据区域和文件尾部信息等；定义了电子文件的元数据，如文件标识符、版本号、创建时间、修改时间等。

（2）编码方式。该标准提供了多种编码方式的选择，如 ASCII 码、Unicode 编码等；规定了编码方式与字符集的对应关系，确保文件内容的准确传输和解码。

（3）文件格式。该标准定义了电子文件的格式，包括文本文档、图像文件、音频文件、视频文件等；规定了每种文件格式的特定要求，如文本编码规范、图像压缩算法、音频采样率等。

（4）元数据。该标准确定了电子文件所需的元数据标准，包括文件属性、描述信息、访问权限等；规定了元数据的存储方式和格式，以支持文件的检索和管理。

（5）可持续存储和互操作性。该标准强调了电子文件的长期保存和可迁移性，确保文件的持久性和完整性；提供了交换格式的要求，使不同系统和应用能够相互交换和共享电子文件。

通过执行 GB/T 33190—2016 标准，企业可以确保电子文件的存储和交换满足统一的格式要求，提高电子文件的可管理性和可访问性。同时，该标准也促进了电子文件的互操作性，使不同系统和平台能够有效地交换和共享电子文件，提升工作效率和信息流通的便捷性。

（二）国际标准

1. ISO 15489—1：2016《信息与文档管理》

ISO 15489—1：2016《信息与文档管理》是国际标准组织（ISO）发布的档案管理标准，该标准为组织提供了一个全面的档案管理框架，包括档案管理原则、档案管理策略、档案管理程序和档案管理实施方面的要求。

（1）档案管理原则。该标准规定了档案管理的基本原则，包括透明性、真实性、可靠性、完整性和可持续性等；强调了档案管理与组织治理和业务活动的密切关系，档案管理应支持组织的决策和业务需求。

（2）档案管理策略。该标准提供了制定档案管理策略的指导，包括档案管理目标、范围、政策和程序等；强调了档案管理策略应与组织的战略目标和风险管理一致，确保档案管理的有效性和合规性。

（3）档案管理程序。该标准规定了档案管理的具体程序，包括档案收集、分类、描述、存储、保护、检索和销毁等；强调了档案管理程序的标准化和文档化，确保档案管理的一致性和可追溯性。

（4）档案管理实施。该标准提供了档案管理实施的指导，包括人员、资源、技术和培训等方面的要求；强调了档案管理实施应考虑组织的规模、业务需求和信息技术的发展，确保档案管理系统的有效运作。

ISO 15489-1：2016 标准的实施有助于组织建立和维护一个高效的档案管理系统，提高档案管理的质量和效率。通过执行该标准，组织能够更好地管理和利用其信息和文档资产，实现信息的可靠性、可访问性和合规性。该标准还促进了档案管理的标准化和国际交流，有助于组织与其他机构进行档案管理实践和经验的共享。

2. ISO 27001：2022《信息安全管理体系》

ISO 27001：2022《信息安全管理体系》是一项关于信息安全管理的国际标准，旨在确保组织在管理和保护信息资产时采取适当的措施。尽管该标准不是专门针对档案管理的标准，但其要求适用于所有类型的信息资产，包括档案信息。

（1）风险评估和治理。组织应进行全面的风险评估，确定档案信息面临的安全威胁和风险，并制订相应的风险治理计划。风险治理计划应包括安全控制措施的选择、实施和监控，以保护档案信息的机密性、完整性和可用性。

（2）安全策略和目标。组织应制定适用的信息安全策略和目标，明确档案信息的安全要求，并确保其与组织的整体战略目标一致。安全策略和目标应涵盖档案信息的保密性、完整性、可用性、合规性等方面的要求。

（3）控制措施的实施。组织应根据风险评估结果，制定并实施适当的安全控制措施，以防止、减轻和管理档案信息的安全风险。控制措施应包括访问控制、身份验证和授权、加密、安全审计、事件响应等，以确保档案信息的安全性。

（4）管理体系的建立和持续改进。组织应建立信息安全管理体系，包括明确的责任分工、培训和意识提升、监控和审计等方面的要求。组织应定期评估和改进信息安全管理体系，确保其持续有效性，并适应不断变化的安全威胁和环境。

ISO 27001：2022标准的实施有助于组织确保档案信息的安全性，保护档案信息免受未经授权的访问、损坏、丢失或泄露。通过建立有效的信息安全管理体系，组织能够采取适当的控制措施，防范各类安全风险，并提供档案信息的可信度和可靠性。

3.ISO 16175—1：2020《信息和文献——档案处理的基本要求》

ISO 16175—1：2020《信息和文献——档案处理的基本要求》针对数字档案的处理和管理提供了基本的要求和指南，以确保数字档案的质量、可持续性和可访问性。

（1）档案的创建。档案的创建应遵循一致的标准和规范，包括文件格式、文件命名规则、元数据标准等。档案的创建过程应记录关键信息，如创建者、创建时间、文件来源等。

（2）档案的保存。数字档案应采用适当的存储介质进行保存，确保档案的完整性和可持续性。存储介质的选择应考虑长期保存的需求，并采取必要的措施防止数据损坏和丢失。

（3）档案的检索。数字档案应具备良好的检索功能，以便用户能够快速有效地查找和访问所需的档案信息。档案的检索应基于标准化的元数据和索引，使用户能够准确地定位和检索档案。

（4）档案的保护。数字档案应有适当的安全保护措施（包括访问控制、身份验证、加密等措施），以防止未经授权的访问和篡改。档案的保护还应考虑数据备份、灾难恢复和数据完整性验证等方面的问题。

（5）档案的保存期限。组织应根据法律法规、业务需求和档案价值等因素确定数字档案的保存期限，并制定相应的保存策略。

通过执行 ISO 16175-1：2020 标准，组织能够建立和维护具有良好质量和可持续性的数字档案管理系统。该标准提供了指导档案处理的基本原则和最佳实践，有助于确保数字档案的完整性、可访问性和长期保存的需求得到满足。

除以上标准外，不同行业和国家也存在自己的行业标准和规范，针对企业档案信息数字化提供具体的指导和要求。在实施档案信息数字化的过程中，企业可以参考和采用这些标准，确保数字化处理的合规性和标准化，提高档案管理的效率和质量。随着技术的发展和需求的变化，这些标准也在不断更新，以适应不断变化的档案数字化环境。

三、企业档案信息数字化的专业规范

为了确保数字化过程的准确性、一致性和可持续性以及保护档案信息的安全性和完整性，企业需要制定一系列针对档案信息数字化的标准和规范。这些标准和规范涵盖了档案数字化的各个方面，包括采集、存储、检索、传输、保护和保管期限等环节。

数字化采集规范确定了数字化采集过程中的最佳实践，包括采集设备的选择与校准、图像质量要求、文件格式和元数据标准等。例如，针对不同类型的档案材料，企业需要制定不同的扫描分辨率、色彩模式和文件格式要求。

数字化存储规范规定了数字档案的存储方式和格式要求，以确保档案信息的完整性和可持续性。数字化存储规范包括选择合适的存储介质、制定数据备份策略、采用数据压缩和加密技术、建立元数据和索引等。

数字化检索规范可指导数字档案的检索和访问方式，以便用户能够快速准确地获取所需信息。数字化检索规范包括定义元数据标准、建立一致的索引体系、采用全文检索技术等，以提高检索效率和准确性。

数字化传输规范规定了数字档案在传输过程中的安全性和完整性要求，涵盖了数据传输协议的选择、数据加密和身份验证的要求以及确保传输过程中数据不受损坏或篡改的措施。

数字化保护规范主要关注档案信息的安全管理，包括访问控制、权限管理、数据备份和灾难恢复等。

数字化保管期限规范规定了档案保管期限的确定和管理，以确保档案信息根据法律法规和业务需求得到适当的保存和处理。数字化保管期限规范包括确定档案的保存期限、建立档案销毁程序、制定保管条件和环境要求等。

第二节　企业档案信息数字化的核心内容与关键技术

一、企业档案信息数字化的核心内容

企业档案信息数字化的核心内容是一个系统性的转变过程，涉及企业档案的数字化采集、存储与管理、检索与利用以及信息安全与保护等内容。

企业档案信息的数字化采集是企业档案信息数字化的首要任务，包括将纸质档案转换为电子形式的过程。数字化采集可以通过扫描纸质文件、拍摄档案照片或手动录入数据等方式实现，对图像或数据的质量要求较高，以确保信息的准确性和可读性。数字化采集过程还应包括文件整理、分类和归档的工作，以确保数字化档案的组织结构和完整性。

档案信息一旦被数字化，就需要在适当的存储介质或系统中进行管理。这一过程涉及建立电子档案管理系统、数据库或文档管理系统等。数字化存储和管理要求定义合适的存储结构、命名规则和文件目录，以便有效地组织和管理档案信息。档案的安全性和备份也需要重点考虑，以确保数据的可持续性。

数字化档案信息的价值在于其可检索性和可用性。企业档案数字化应提供快速、准确的检索功能，使用户能够轻松访问所需的档案信息。这一过程可以通过建立索引、标签和元数据等方式实现，以便于全文检索和按关键词、日期、文件类型等进行过滤。数字化档案还应提供多种形式的利用方式（如在线浏览、打印、导出等），以满足用户的不同需求。

在数字化信息利用过程中，企业档案的信息安全和保护至关重要。数字化档案应受到适当的安全控制和权限管理，以确保档案信息的机密性、完整性和可用性。这一过程包括身份验证、访问控制、加密技术、防病毒措施等。建立数据备份和灾难恢复机制也是保障数字化档案信息安全的重要手段。

数字化档案管理需要建立相应的流程和规范，以确保数字化过程的顺利进行和档案信息的有效管理。这些流程和规范包括档案信息的采集、整理、存储、检索和更新等方面内容。企业需要建立相关的管理制度、政策和指南，以明确各个环节的责任和要求，确保数字化档案管理的一致性和规范性。

二、企业档案信息数字化的关键技术

在当今信息技术快速发展的背景下，数字档案成为未来档案信息的主要形式，也是档案管理现代化的发展方向。企业在进行档案信息数字化建设时，应密切关注最新的信息管理模式，并在充分考虑企业需求的基础上选择先进的数字化建设方案，以确保企业档案信息数字化建设与时代发展同步。

目前，企业数字档案主要采用文件系统和数据库相结合的方式进行持久存储。具体而言，档案部门首先利用扫描仪将纸质档案进行数字化处理或采用声像采集设备将模拟声像档案转化为数字档案，然后将数字档案信息分类存入档案数据库，并通过专用档案管理软件提供录入和检索功能。为确保数据安全，档案部门通常会设置专用的档案管理系统服务器，并定时进行数据自动备份。这种数字档案存储方案一般在本地或企业局域网内使用，其优点在于，信息存储在本地相对安全。当档案资源增加时，企业只需增加服务器的容量即可满足需求。

在互联网环境下，传统的存储方式需要避免服务器或客户端架构的输入和输出瓶颈，通常会采用文件系统的存储镜像来分担访问压力。本地存储量的增加也会直接影响检索效率，特别是对于档案信息量巨大的单位（如建筑勘察设计院、大型企业等），这些单位需要不断地投入资金来增加或更新设备。因此，当前的存储方式在应对海量信息资源存储和网络档案资源共享方面存在一些缺陷。为解决这些问题，企业需要考虑采用更先进的技术和方法。例如，企业可以探索云存储和分布式存储技术，利用云计算和大数据技术来实现跨地域、跨机构的档案信息共享与管理；也可以利用区块链技术确保档案信息的安全性和完整性；还可以采用人工智能和自然语言处理等技术来提升档案信息的自动化处理和智能化利用能力。

（一）数字化技术

1. 数字化加工技术

数字化加工技术是利用扫描或者数字摄录等方式，将不同类型的档案（如纸质档案、照片底片、缩微胶片、录音档案和录像档案等）转化为电子文件。具体的数字化加工技术会因档案的材质和记录方式不同而有所区别。

（1）扫描技术。扫描技术是一种重要的数字化加工技术。扫描仪通过光电技术和数字处理技术，将档案原文图像转化为电子文件。扫描仪的技术指标包括光学分辨率、色彩位数、灰度级、扫描幅面和扫描速度等。光学分辨率是衡量扫描仪性能的关键指标，表示扫描仪在扫描时所能达到的精细程度。色彩位数，或称色深，反映了扫描仪所能辨析的色彩范围。扫描仪的色彩位数越多，就越能真实反映原始图像的色彩。灰度级反映了扫描仪在扫描时提供由暗到亮层次范围的能力。灰度级越大，扫描结果的层次就越丰富。扫描幅面是指扫描仪所能扫描纸张的大小，取决于扫描仪的内部结构设计和外部物理尺寸。扫描速度是指扫描仪从预览开始到图像扫描完成后，光头移动的时间，这个时间与系统配置、扫描分辨率设置、扫描尺寸、放大倍率等有关。

平板扫描仪是比较常见的类型，主要用于扫描反射稿件（如纸质文档和照片），扫描过程中，原图放在透明玻璃板上，由光源系统扫描并转换成数字信号。平板扫描仪的扫描速度、精度和质量都很好，光学分辨率范围在 300 ～ 8000 dpi。

滚筒式扫描仪适合处理大幅面的图像，原图固定在滚筒上旋转扫描。其优点包括高光学分辨率（2500 ～ 8000 dpi）、高色深、宽动态范围以及快速扫描速度，缺点是体积大且价格昂贵。

胶片扫描仪专门用于扫描胶片，扫描后的图像可以自动转换为数字化格式，方便存储和查询。它的光学分辨率在 1000 ～ 2700 dpi，且操作简单。

（2）音频和视频档案的模数转换技术。该技术是通过模拟音频和视频信号，并利用数字化技术将档案信息转换为数字信号。模数转换器（ADC 或 A/D 转换器）可将模拟音频信号转换为离散的数字信号，转换的精度由输出的数字信号的位数表示，位数越多，表示转换器的分辨能力越强。得到数字信号后，模数转换器需要进行采样，每隔一定时间，采集模拟声音信号的幅度值作为样本。采样频率表示每秒采集样本的数量，频率越高，声音信号表达得越精确。采样完成后，模数转换器需要将样本幅度值转化为二进制码，这个过程叫作量化。量化精度，也称样本大小或量化比特率，表示样本振幅的等级，精度越高，声音还原效果越好。最后，模数转换器用二进制码表示量化后的样本。常见的编码方式包括脉冲编码调制（PCM）和 MPEG-Layer3，可形成 WAV 或 MP3 格式的音频文件。视频档案的模数转换与音频档案的模数转换过程相同，但更复杂，因为除了音频信号，这个过程还需采集视频信号。数字化后的视频文件可选择多种格式，如 MPEG1（VCD 格式）、MPEG2（DVD 格式）、MPEG4、RM、MOV、ASF 等，可根据需要选择用于存档或网络传输。

2. 数字化识别技术

数字化识别技术在档案信息数字化中具有很重要的作用，主要包括光学字符识别技术、图形矢量化技术和语音识别技术。

（1）光学字符识别技术。光学字符识别（OCR）技术能够自动识别并录入电脑中的文字。它的工作流程包括：图像采集，通过设备（如扫描仪）将图像输入计算机；图像预处理，将整个图像分割成单个文字图像；特征抽取，抓取字符的主要特征（这是 OCR 技术的核心）；对比特征，将特征与比对数据库中的记录进行对比；判断识别，根据不同的特征选择不同的比较方法，识别字符；人工校正，人工校对和修正自动识别的结果（因为 OCR 技术的识别率还没达到 100%）；结果输出，将识别结果以适当的方式存储。

OCR 技术中的一些识别技巧包括：适当地设置分辨率（通常情况下，300 dpi 或 400 dpi 分辨率适合大部分文档扫描）；在扫描时调整好亮度和对比度，使扫描文件黑白分明。

（2）图形矢量化技术。图形矢量化技术是对扫描得到的光栅图像数据进行分析和识别，以重建图形对象并产生矢量数据。这一过程使图形能够用直线和曲线来描述，并由几何图形组成。对于矢量化后的图形，我们可以直接通过计算机进行调用、编辑、计算、统计以及分析图形元素（如点、线、面等），从而提高图形的利用效率。此技术在工程设计、工程管理和测绘等领域中有广泛的应用。

图形矢量化技术的优势在于其紧凑性和易编辑性。矢量化后的图形由于由简单的几何图形组成，其可以占用的存储空间较小。编辑矢量化图形只需要修改相应的几何图形参数信息，操作相对容易。使用矢量表示的对象在放大或压缩时不会降低在计算机中的显示质量，且能够保持边角尖锐等特性，避免出现模糊影响显示质量。

（3）语音识别技术。语音识别技术（ASR），也被称为自动语音识别，旨在将人类语音中的词汇内容转换为计算机可读的输入，如按键、二进制编码或字符序列。这项技术涉及信号处理、模式识别、概率论和信息论、发声机理和听觉机理、人工智能等多个领域，其应用依赖于语音的词汇量、清晰度和口音等条件。

（二）云计算

云计算是一种基于网络的计算模式，通过提供计算资源、存储资源和应用程序来实现灵活、可扩展的信息技术服务。云计算正在改变人们对信息技术的观念，成为大型 IT 企业（如 IBM、微软、惠普等）研究和推广的重要技术之一。云计算平台作为一种新型信息技术平台，能为企业和机构的信息数字化发展提供广泛的应用前景。

云计算的核心概念是将计算资源和存储资源提供给用户，并通过互联网实现便捷的访问和使用。用户无须关心具体的硬件设备和资源配置，只需按需使用云计算的计算能力和存储空间。例如，人们常用的电子邮箱就是一种云计算模式的应用，它能够不断扩容和提高传输速度，但人们并不需要支付额外的费用；类似地，在 Google、百度等搜索引擎上获取海量信息也是通过云计算和云存储实现的。

云计算平台是一种允许大量网络系统共享的数据平台，能够以最小的成本和最便捷的方式为企业和机构建立信息库。通过连接互联网和云计算平台，企业能够利用云存储方式将大量信息内容分片、适度冗余和分散存储。这种存储方式几乎可以无限扩展，运用先进而灵活的分布式算法，能够保证存储量和分布式规模的增长，维持高效的检索效率。云计算技术能够以极高的处理速度处理数以千万计甚至亿计的信息，达到与超级计算机相当的强大网络服务。

云计算平台通过使用 Web 2.0 技术，使用户可以通过计算机、手机、移动多媒体等多种设备实现数据、文档、图片、视频和音频等内容的集中存储和资源共享。云计算平台的特征与电子档案管理的基本要求相契合。对于保密程度有限的档案材料，云计算平台成为一个可选的良好方案。作为云计算平台提供商，他们有保护其平台所加入的企业和机构信息安全的责任。提供商会运用先进的技术手段和完善的技术服务来保证云计算平台的安全运行，包括身份认证与访问控制、数据加密与隐私保护、安全监控与漏洞管理、网络安全与防御、容灾与备份、安全审计与合规性、威胁情报与漏洞更新等技术手段和技术服务。

1. 身份认证与访问控制

云计算平台通过身份认证机制来验证用户的身份，并采用访问控制策略来管理用户对资源的访问权限。常见的技术手段包括多因素身份验证、单点登录、访问令牌和权限管理系统等。

多因素身份验证是一种安全措施，要求用户在登录时提供多个不同类型的身份验证因素，以增加身份验证的可靠性。通常，多因素包括知识因素，如密码、个人识别号码（PIN）或安全问答；拥有因素，如智能卡、USB 密钥、移动设备上的认证应用程序生成的一次性密码；生物因素，如指纹、视网膜扫描、声音识别或面部识别。多因素身份验证将这些因素多重结合，以提供更高级别的安全性。用户需要通过多个身份验证因素才能成功访问云计算平台，从而降低了被未经授权的用户访问的风险。

2. 数据加密与隐私保护

云计算平台使用数据加密技术来保护数据的机密性，确保数据在传输和存储过程中不会被未经授权的人员访问。隐私保护措施（如数据脱敏、数据匿名化和隐私协议等）可被用来保护用户的个人隐私。

3. 安全监控与漏洞管理

云计算平台通过部署安全监控系统来实时监测平台和用户活动，检测异常行为和潜在的安全威胁。漏洞管理包括对系统和应用程序进行漏洞扫描和漏洞修复，以防止恶意攻击和数据泄露。

4. 网络安全与防御

云计算平台采用防火墙、入侵检测与防御系统（IDS/IPS）、虚拟专用网络（VPN）等技术来保护网络通信的安全。网络流量监控和流量分析可用于检测和预防网络攻击。

5. 容灾与备份

云计算平台采用容灾技术来确保数据和服务的高可用性。通过数据备份、数据冗余和故障转移等措施，即使发生硬件故障或自然灾害，云计算平台仍能提供可靠的服务。

6. 安全审计与合规性

云计算平台通过进行安全审计，记录和分析平台与用户的操作日志，以监控安全事件和追踪潜在的安全问题。云计算平台通过遵守相关法规和标准，确保数据处理和存储符合合规性要求。

7. 威胁情报与漏洞更新

云计算平台通过持续关注和获取最新的威胁情报，以及时应对新出现的安全威胁。云计算平台还会对操作系统、软件和应用程序进行及时的漏洞更新和安全补丁管理，以确保系统的安全性。

（三）大数据信息资源整合技术

信息化的飞速发展使人们对档案信息资源的需求越来越多，大数据的到来使档案信息资源发生了翻天覆地的变化。然而，档案信息难免受到馆藏类别和地域的限制，无法满足信息时代企业对档案信息资源的需求。因此，将原本封闭、单一的档案信息资源转化成类别丰富、综合开放的档案信息，实现档案信息资源的共享成了档案信息数字化的重要内容。

企业档案信息数字化的进程越快，档案业务流程越网络化，档案数据资源的数量增长得也就越快，而这些数据的存储格式都是数字化的。这样的变化为档案数据资源的整合和分析提供了方便。这是一个新的机遇，也是一个挑战。

企业需要对海量的档案数据资源进行全面的整合和分析，这不仅要求企业对档案资源的内部结构和空间布局进行全面系统的规划和管理，也需要企业利用现代信息技术对整合后的档案资源进行深度挖掘和知识分析，以提升档案的内在价值，为档案的服务利用提供保障。

档案不仅是一种资料，还是企业发展的历史见证，是企业文化建设的重要组成部分。因此，对档案资源进行整合和分析，不仅能提高档案的利用率，也能加快企业文化的建设，促进企业文化的传播。

以某企业为例，为提升档案管理和利用的效率，该企业进行了企业档案信息资源的整合和共享，对分散在各企业部门的档案进行了分类整理和统一、有序的保管，从而方便了档案的查找利用，实现了信息共享。该企业在优化档案信息资源整合内容的过程中，对不同内容的信息进行了逻辑整理，即对电子文件信息按照内容在逻辑上进行集中统一的管理。这个过程包括对不同系统产生的电子档案进行整合，消除各部门管理系统的数据信息孤岛，实现企业不同管理系统的信息资源整合。对不同全宗的电子档案进行整合，统筹企业内各全宗的档案资源；对整合后的档案信息做进一步挖掘分析，形成不同的专题（如招投标档案、设备采购档案、合同管理档案等），实现企业档案信息资源的整合，为企业提供决策服务。

该企业展示了一个成功的档案信息资源整合和利用的范例，其成功实践也为众多企业提供了重要的借鉴，有助于企业更好地理解和应对企业档案信息数字化发展中的挑战和机遇。

1. 文本挖掘技术

随着互联网的发展和普及，数据和信息在网络上呈爆发式增长。互联网为人们提供了便捷的访问途径，但也带来了信息过载和信息筛选的困扰。在大数据时代，信息挖掘技术成为解决这一难题的有效工具。其中，Web 文本挖掘技术在档案信息资源整合中具有广泛的应用。

Web 是当今互联网上最受欢迎的超文本信息系统，具备集成各种类型数据和提供图形界面快速检索等功能的特点。

Web 文本挖掘技术的优点包括两个方面。

第一，Web 文本挖掘技术可以有效改善档案信息资源的检索效果。通过对信息进行聚类处理，分析使用者的检索历史信息，并对分析结果进行分组和标注，该技术可以提供更加精确的检索内容，从而优化检索效果，提高检索信息的准确度和搜索效率，节约检索时间。

第二，Web 文本挖掘技术可以改善服务质量。例如，档案馆和档案网站可以通过掌握和分析使用者浏览不同类型信息资源的频率和时间消耗，判断使用者对不同类型信息资源的兴趣，这些分析结果有助于升级和完善更加人性化的推荐和定制服务，满足使用者多样化的需求。

2. 数据集成和应用程序编程接口

数据集成和应用程序编程接口（API）技术在信息系统和数据管理中起着关键作用，用于实现数据的交互和共享。

数据集成是指将来自多个不同数据源的数据合并、转换和加载到一个共享的目标数据存储中。这些数据源可能包括不同的数据库、文件系统、Web 服务等。数据集成的目标是实现数据的一致性、可用性和完整性，以便用户可以从一个统一的视图中访问和分析数据。数据集成技术包括数据清洗、数据转换、数据匹配和数据加载等过程。通过这些过程，数据集成可以消除数据冗余，提高数据质量，支持数据驱动的决策和分析。

API 是一组定义和约定的规则，用于不同应用程序之间的通信和数据交换。API 提供了一种标准化的接口，使开发人员能够访问和操作其他应用程序或系统的功能和数据。通过 API，应用程序可以请求特定操作或数据，而不需要了解底层系统的实现细节。API 可以是基于不同协议的数据格式，如 REST（Representational State Transfer）、SOAP（Simple Object Access Protocol）等。开发人员可以通过 API 实现系统之间的数据交换、业务流程集成和功能扩展。

数据集成和 API 技术的结合可以实现更灵活、高效的数据交互和共享。通过定义和实现 API，不同系统之间可以建立连接，并通过 API 进行数据的传输和操作，使系统之间的数据交换变得简单、可靠。

3. 数据集市和数据仓库

数据集市和数据仓库是用于集中存储、组织和管理大量数据的专门设计的存储结构。它们提供了高性能的数据查询和分析功能，使用户能够从多个数据源中提取、转换和加载数据。数据集市和数据仓库在数据管理和决策支持方面具有重要作用，并广泛应用于企业和组织的数据管理体系中。

数据集市是一个面向特定业务需求的数据存储和分析平台，其目的是为用户提供直接、快速的数据访问和分析能力。数据集市通常包含来自多个数据源的数据，通过对数据进行加工、整合和转换，以支持特定的业务需求和分析任务。数据集市提供了灵活的数据查询和分析工具，用户可以根据自己的需求进行数据提取、数据转换和数据加载操作。数据集市的特点包括高性能的数据访问、易于使用的用户界面以及针对特定业务需求的数据模型和分析功能。

数据仓库是一个用于集中存储和管理大量结构化数据的系统，其目的是支持企业决策和业务分析。数据仓库通常采用 ETL（提取、转换、加载）过程，将来自不同数据源的数据抽取、转换和加载到统一的数据存储中。数据仓库的设计通常基于维度建模和星型模型，以支持复杂的多维数据分析和查询操作。数据仓库提供了强大的查询功能和数据处理能力，使用户能够从不同角度和层次分析和理解企业的数据。

4. 数据虚拟化

数据虚拟化是一种将分散的、异构的数据源集成为一个统一视图的技术。数据虚拟化通过抽象和封装数据源的细节，提供了一个统一的接口和视图，使用户能够以一致的方式访问和查询多个数据源。数据虚拟化不需要将数据复制到集中的存储中，而是通过查询优化和数据集成技术，在查询时动态获取和集成数据。数据虚拟化技术可以解决数据集成过程中的复杂性和成本问题，提供了灵活的数据访问和集成能力，降低了数据冗余和一致性维护的风险。

数据虚拟化的核心思想是将数据源的物理特性和细节与用户的数据需求分离，通过一个统一的接口和视图提供一致的数据访问方式。数据虚拟化技术涉及数据源的抽象和封装、查询优化和数据集成等方面的内容。通过数据虚拟化，用户可以根据需要访问和查询多个数据源，不用担心数据的物理存储位置、格式和接口。数据虚拟化技术在企业数据管理和集成中具有重要的作用，可以提供灵活、高效的数据访问和集成能力，降低了数据管理和集成的复杂性和成本。

（四）大数据信息资源挖掘技术

随着计算机技术、互联网技术的快速发展以及云计算技术的进步与普及，人类进入了大数据时代。大数据思维正改变着人们的思想、工作和生活方式。

在大数据时代，随着互联网技术的飞速发展和社交媒体的普遍应用，各类数据呈现出数量大、种类多、变化迅速和价值总量高的特点，档案信息资源也不例外。档案信息资源的数量迅速增长，种类越发繁杂，数字化和信息化程度不断提升，传统的档案管理手段已经无法处理新形态的档案信息资源。因此，树立大数据观念下的档案信息资源挖掘新思维，并构建基于大数据技术的档案信息资源挖掘新技术显得十分重要。

目前，语义处理技术和可视化技术等新型大数据应用技术已经趋于成熟，并在档案管理方面得到了实际应用。深入探究这些技术在档案信息资源管理中的应用，总结经验和不足，有利于档案管理工作的良性发展。

以大数据技术为指导进行档案信息资源的挖掘工作，企业能够深入分析并系统全面地提取档案信息资源的价值，这对于未来的档案服务工作具有重要意义。通过应用大数据技术，企业能够更好地理解和利用档案信息资源，从中获取更多的价值，为决策和业务分析提供支持，为社会和学术研究提供更多有价值的数据资源。

1. 语义处理技术

语义处理技术在档案管理中的应用是为了更好地理解和利用档案信息资源中的语义信息。档案信息资源通常具有复杂的结构和丰富的语义，传统的检索和分析方法往往无法准确地捕捉和利用这些语义信息。因此，语义处理技术被引入档案管理领域，旨在通过自动化的语义标注、语义搜索和语义关联，提高档案信息资源的检索和分析效果。

语义处理技术可以进行自动化的语义标注。通过对档案信息资源进行语义标注，语义处理技术可以为每个文档或数据项分配具有语义的标签，如实体、属性和关系。这些语义标注可以基于先验知识、本体词典或机器学习算法来生成。通过语义标注，档案管理者可以更准确地了解每个文档或数据项的内容和特征，从而更精确地进行检索和分析。

语义处理技术可以支持语义搜索。传统的基于关键词的搜索方法往往无法满足用户对档案信息资源的精确需求，因为关键词的表达可能存在歧义。语义搜索通过利用语义关联和语义相似度的概念，可以帮助用户更准确地表达其信息需求，并提供与用户查询意图更匹配的结果。通过语义搜索，用户可以更快速地找到所需的档案信息资源，提高检索效率和准确性。

语义处理技术还可以实现语义关联分析。档案信息资源中的数据项可能具有复杂的关联关系，这些关系包括层次关系、关联关系和依赖关系等。语义关联分析通过识别和建立这些关联关系，可以帮助档案管理者更全面地理解和利用档案信息资源。例如，语义关联分析可以通过构建语义网络或知识图谱来表示档案信息资源中的实体、属性和关系之间的关联关系，从而支持更深入的数据分析，发现隐藏在数据中的关联规律。

2. 可视化技术

可视化技术在档案管理中的应用具有重要的意义，可以提高档案信息资源的可理解性和可视化呈现效果。在大数据时代，档案信息资源往往涵盖了大量的数据和复杂的关联关系，传统的文字或表格形式的呈现方式难以有效地传达数据的内在含义和关联。可视化技术可以将档案信息资源以图形的方式呈现，使档案管理者能够更直观地理解和分析数据，发现隐藏在数据中的规律和趋势。

可视化技术可以帮助档案管理者更好地理解和解释档案信息资源中的数据。通过将数据转化为可视化图表、图形等形式，可视化技术可以使档案管理者更容易观察和分析数据的特征、趋势和变化。例如，柱状图或折线图可以直观地展示数据的变化趋势，散点图可以揭示数据之间的关联关系。这样的可视化表示方式能够帮助档案管理者快速理解数据的含义，发现数据中的模式和异常情况。

可视化技术可以帮助档案管理者进行数据探索和发现。通过交互式的可视化界面，档案管理者可以自由地探索数据，选择感兴趣的数据子集进行深入研究。例如，通过使用拖拽、缩放和过滤等交互操作，档案管理者可以快速筛选和聚焦特定的数据范围，以便更好地发现和理解数据中的关联关系和模式。这种交互式的数据探索方式能够帮助档案管理者从大量的数据中提取有价值的信息，发现数据中的潜在价值。

可视化技术可以提供更友好和灵活的用户界面，提升档案信息资源的利用效果和用户体验。通过更加直观、美观和易用的可视化界面，档案管理者可以更轻松地浏览和操作数据，从而更高效地获取所需的信息。此外，可视化技术还可以提供多种可视化方式和视角，以满足不同用户的需求和偏好。例如，对于空间数据，地图可视化可以帮助档案管理者更好地理解地理分布和空间关系；对于网络数据，网络图可视化可以揭示数据之间的复杂关联关系。

第三节　企业档案信息数字化高质量发展的原则、要求及方法

一、企业档案信息数字化高质量发展的原则

（一）科技先导原则

企业档案信息数字化的高质量发展应以科技为基础。企业要紧跟科技发展的最新趋势，应用先进的信息技术和数字化工具，不断推动档案信息管理的创新和改进。

科技是推动档案信息数字化高质量发展的核心驱动力，包括信息和通信技术（ICT）以及人工智能（AI）。ICT 使信息数字化、存储和检索变得容易，提高了档案管理的效率和准确性。AI 可以实现自动分类、

索引和解析档案信息，降低人工操作的复杂性和难度。

科技先导原则要求企业积极寻找并应用新的科技成果。例如，区块链技术在档案信息的安全和透明度方面具有重要的应用前景；云计算技术可以提供大量的存储空间和强大的数据处理能力，支持大规模档案信息的数字化和管理；物联网技术可以提高档案信息的收集效率和实时性。

科技先导原则还要求企业提升自身的科技能力，包括技术研发能力、技术应用能力和技术管理能力。技术研发能力是企业自主创新和领先竞争的基础。技术应用能力决定了企业能否有效利用科技成果推动档案信息数字化。技术管理能力关乎企业能否在复杂的技术环境中保持运营稳定和提升效益。

科技先导原则不仅是科技驱动，也是科技规范。企业应该在利用科技推动档案信息数字化的同时，尊重和保护个人的权益，维护社会公正和道德秩序。例如，在数据处理和使用的过程中，企业要尊重个人隐私，保护数据安全，遵守相关的法律法规。

（二）用户导向原则

企业档案信息数字化的高质量发展应以用户需求为导向。企业要充分了解用户的实际需求和期望，针对不同用户群体提供个性化的档案信息服务，提高用户体验和满意度。

为了更好地理解用户需求，企业需要定期进行用户需求分析，包括收集用户反馈、进行问卷调查、使用数据分析来了解用户的行为和偏好。分析结果应被用于优化档案信息服务，以更好地满足用户需求。依据用户需求分析，企业应提供个性化的档案信息服务，如提供定制的搜索功能、个性化的信息推送或依据用户偏好设置的界面布局。个性化服务不仅可以提高用户满意度，也可以增强用户忠诚度。

用户导向原则强调优秀的用户体验设计，如优化网站或应用的界面设计、简化操作流程、提高信息检索速度等。良好的用户体验可以大大提高用户的使用效率，减少用户的操作困扰，从而提高用户满意度。

为了帮助用户更好地利用档案信息服务，企业需要提供用户培训和支持，包括在线教程、用户手册、用户热线服务。优秀的用户支持可以及时解决用户的问题，增强用户的使用自信，提高用户满意度。

用户导向原则还鼓励企业让用户参与到档案信息服务的决策中来，包括用户满意度调查、用户反馈征集、用户测试群体。用户参与可以使企业的决策更加贴近用户需求，增强企业的市场竞争力。

（三）合规合法原则

合规合法原则是企业档案信息数字化高质量发展的重要指导原则之一，强调企业在数字化过程中应严格遵守相关法律法规和政策规定，以保证其行为的合法性和合规性。

企业在进行档案信息数字化时，应严格遵守与信息管理和信息安全相关的法律法规，如数据保护法、信息安全法、电子商务法等。如果其业务涉及国际市场，企业还应关注国际法律法规，如欧洲的 GDPR（《通用数据保护条例》）。

合规合法原则要求企业必须保护用户隐私。在收集、存储和处理档案信息时，企业应尽可能采取匿名化和去标识化的方式，以减少对个人隐私的侵犯。企业还应制定隐私政策，并明确告知用户其信息将如何被使用。

企业应实施严格的信息安全管理，防止档案信息被非法访问、篡改或泄露。信息安全管理包括采用最新的加密技术、设置访问控制、建立数据备份和恢复机制等。企业还应对员工进行信息安全培训，以增强员工的安全意识。企业在获取和使用档案信息时，应遵循必要性和最小化的原则，只收集和使用完成任务所必需的信息。企业还应保证信息的准确性和及时性，避免因信息错误或过时而导致的问题。

为确保企业行为的合规性，企业应定期进行合规审查，检查其档案信息管理的各个环节是否符合法律法规和政策要求。企业应接受外部监管（如政府审计和社会公众监督），以提高其合规操作的透明度。

（四）创新性原则

创新性原则是企业档案信息数字化高质量发展的又一基本原则，强调企业需要不断进行技术、方法和管理模式的创新，以应对快速变化的信息时代的挑战和需求。

企业应不断探索和应用新的信息技术（如云计算、人工智能、区块链等），以提高档案信息管理的效率和质量。企业可以通过开发新的数字化工具、优化数据存储和处理方法、增强信息安全性等来提高自身的创新能力。企业应不断创新档案信息管理的方法，包括优化档案信息的收集、整理、索引、检索、利用等流程，提高这些流程的效率和准确性。企业还可以借鉴其他领域的最佳实践（如数据科学、知识管理、用户体验设计等），以丰富和改进其档案信息管理方法。

企业应不断创新档案信息管理的模式，包括开发新的服务模式（如提供在线访问、个性化推送、自助服务等）。企业还可以探索新的合作模式，如与其他企业、研究机构、公共机构等进行合作，共享资源，共创价值。

创新性原则要求企业建立和推广创新文化，如鼓励员工提出新的想法和建议、设立创新奖励制度、提供创新培训等。创新文化可以激发员工的创新潜力，提高企业的创新能力。

为了保证创新的有效性，企业应设立创新监测和评估机制，如定期检查创新项目的进展、评估创新效果、进行创新成果的公示和分享等。创新监测和评估可以提高创新的可见性，激励更多的创新活动。

二、企业档案信息数字化高质量发展的要求

（一）信息质量要求

企业档案信息数字化的高质量发展要求确保信息的准确性、完整性、可靠性和一致性。企业需要通过合理的数据采集、整理和存储方式，保证档案信息的真实性和可信度。

企业需要确保从源头开始对数据的准确性进行把控，在数据采集阶段就确保数据的正确。数据的准确性可以通过自动化的数据验证工具和人工复查等方式来实现。准确性也涉及数据的时效性，企业应确保数据是最新和最相关的。

在整理和编码数据时，企业应保证数据的完整性，确保没有因为人为或者技术问题遗漏关键信息。数据的完整性可以通过创建完整性约束和使用数据完整性检查工具来保证。企业应选择可靠的数据存储方案，如使用稳定的数据库系统以及有备份和恢复机制的云存储服务。企业应定期进行数据校验和修复，以保证存储数据的可靠性。

企业应在所有的数据操作和管理过程中保持数据的一致性，包括在不同系统和平台之间保持数据的一致以及在数据更新、迁移和转换过程中保持数据的一致。数据的一致性可以通过数据标准化、使用数据管理工具和实施数据治理策略来实现。

企业还要确保数据的真实性和可信度，涉及对数据来源的验证、对数据质量的监控以及对数据的安全性保护。数据只有真实可信，才能为企业决策提供强有力的支持。

（二）数据安全要求

在企业档案信息数字化过程中，数据安全和隐私的保护至关重要。企业需要构建一套健全的安全管理体系，并采取多种安全措施，来确保

数据的安全性和隐私保护。

数据安全管理体系是企业数据安全工作的核心框架，需要涵盖人、过程和技术三个方面。对于人的管理，企业需要建立数据安全的培训和教育体系，提高员工的数据安全意识，明确员工在数据保护工作中的职责。对于过程的管理，企业需要设计和实施一套包括数据分类、数据生命周期管理、数据备份与恢复在内的数据管理和保护流程。对于技术的管理，企业需要引入包括防火墙、入侵检测、加密在内的多种数据安全技术，以防范各种数据安全风险。

数据加密是保护数据安全的重要措施。无论是在传输过程中还是在存储过程中，数据都应进行加密处理，防止其被非法获取后能被轻易解读。当前，有许多成熟的加密技术可以选择，如对称加密、非对称加密、哈希函数等。企业应根据自身的数据特性和安全需求，选择合适的加密技术。

权限控制是保证数据安全的另一重要手段。企业应为每个用户分配适当的权限，使用户只能访问和操作自己有权访问和操作的数据。权限控制应涵盖数据的读取、修改、删除、传输等各个方面。为了管理方便，企业可以采用基于角色的访问控制（RBAC）等方法，按照用户的角色分配权限。

访问审计是保护数据安全的有效手段，能够追踪数据的使用情况，发现并处理数据安全问题。企业应记录和分析用户的数据访问行为，包括访问时间、访问内容、操作行为等。一旦发现异常行为（如频繁的数据查询、未经授权的数据修改等），企业应立即进行调查和处理。例如，有一家涉及大量敏感客户数据的保险公司，该公司可以采用最先进的加密技术来保护客户数据，在数据的存储和传输过程中都进行加密处理，防止数据被非法解读；该公司可以建立一个基于角色的访问控制体系，如只有客户服务代表才能访问客户的联系信息、只有理赔部门的员工才能访问客户的理赔记录；该公司还可以记录和分析员工的数据访问行为，一旦发现异常行为，就会立即进行调查和处理。

（三）数据交互和技术兼容要求

数据交互和技术兼容是企业档案信息数字化高质量发展的关键要求，企业需要在不同系统和平台之间实现数据的互通和技术的互操作性。

实现不同系统和平台之间的数据互通和共享，首先需要建立统一的数据标准和接口规范。数据标准主要规定了数据的格式、结构、编码、命名等方面的规则，保证了不同系统和平台可以理解和处理相同的数据。接口规范则主要规定了系统间数据交互的方法和流程，保证了数据可以在不同的系统间顺利传输和访问。数据标准和接口规范是实现数据互通和共享的基础。

在统一的数据标准和接口规范的基础上，企业可以实现不同系统和平台之间的数据互通和共享。这涉及数据的导入、导出、转换、同步等操作以及对应的数据质量控制、数据安全保护等工作。数据互通和共享可以大大提高信息资源的利用效率，为企业的决策和运营提供更全面、更实时的信息支持。

除了数据层面，企业还需要考虑系统和平台之间的技术互操作性，涉及操作系统、数据库系统、网络协议、软件架构、硬件设备等方面的兼容问题。企业应采用开放标准、模块化设计、中间件技术等方法，提高系统和平台之间的技术互操作性。

为了保证数据的互通和技术的兼容性，企业应进行兼容性测试。兼容性测试可以检查和验证系统和平台之间的兼容性问题，发现和解决可能的数据交互问题，确保数据的正确性和完整性。

（四）人才支持要求

企业档案信息数字化的高质量发展要求有专业的人才支持。企业要培养和引进具备信息管理和技术应用能力的人才，建立健全的培训和激励机制，提升人才的综合素质和专业水平。

企业需要进行人才需求分析，明确企业档案信息数字化所需要的关键技能和知识，包括信息管理、数据分析、信息技术、项目管理、法律法规等。人才需求分析是企业人才策略的基础，有助于企业确定人才的招聘、培养、使用和留存。根据人才需求分析，企业可以进行有针对性的人才培养和引进。人才培养涉及内部培训、外部学习、实践项目等方式，能够帮助员工提升所需的技能和知识。人才引进涉及校园招聘、社会招聘、猎头服务等方式，能够吸引和引入具备所需技能和知识的人才。

企业需要建立健全的培训和激励机制，保证人才的持续发展和稳定输出。培训机制需要提供系统的学习资源和学习场景，帮助员工不断提升专业技能和业务水平。激励机制需要提供公正的评价标准和丰厚的激励措施，激发员工的工作积极性和创新能力。企业档案信息数字化不仅需要人才的专业技能和知识，还需要人才的综合素质，包括沟通协作、问题解决、创新思维、责任意识等。企业应通过多元化的培训和实践活动，提升人才的综合素质，同时通过专业认证、项目实战等方式，提升人才的专业水平。

（五）持续改进要求

企业档案信息数字化的高质量发展需要持续改进和优化。企业要不断评估和调整数字化方案的效果，根据用户反馈和市场需求进行改进，实现档案信息管理的持续优化和提升。

企业档案信息数字化的过程并不是一次性完成的任务，而是一个持续演化的过程。因此，企业需要制定一套评估系统，不断评估数字化方案的实施效果。这个评估系统包括数据质量、用户满意度、操作效率、信息安全等多个方面，能够全面地反映数字化方案的优势和不足。

企业档案信息的用户包括内部员工、合作伙伴、客户等多种角色，他们的需求和期望可能随着时间和情境的变化而变化。因此，企业需要建立有效的用户反馈机制，收集和分析用户的反馈，及时了解用户的需求和问题。企业还需要关注市场的发展趋势和变化，调整自己的数字化方案，以适应市场的需求。

基于对数字化方案的评估结果和用户反馈，企业需要制订改进和优化的计划，并将其执行下去。这个计划包括技术升级、流程调整、培训加强、资源投入等多个方面，需要企业全体员工和领导者的支持和参与。只有通过持续的改进和优化，企业的档案信息管理才能真正达到高效、便捷、安全、满意的目标。

以亚马逊为例，亚马逊作为世界上影响力较大的电商平台，其用户数量庞大，对于信息管理的需求复杂多变。为此，亚马逊建立了全面的数字化方案评估系统，定期进行效果评估和用户调研，根据结果调整和优化其信息管理系统。亚马逊还密切关注市场和技术的发展，积极采用新的技术和方法（如云计算、大数据、人工智能等），提升信息管理的能力和水平。

三、企业档案信息数字化高质量发展的方法

（一）企业档案信息数字化高质量发展的实施步骤

1. 需求分析

需求分析是企业档案信息数字化实施步骤的起始点，这一阶段的目的是明确企业的业务需求、用户需求以及技术需求，以便在之后的步骤中构建出最适应企业环境、最能满足企业需求的数字化系统。

在档案信息数字化中，业务需求主要涉及档案管理的流程、规则和效果。在流程方面，企业要了解企业档案的收集、归档、检索、使用等

全过程，以便设计出合理的数据结构和功能模块。在规则方面，企业要明确企业档案管理的规范和标准，以便在系统中实现这些规则的自动化执行。在效果方面，企业要明确档案管理的目标和期望，以便评价和优化系统的性能。

用户需求的理解和满足是提升企业档案信息管理效果的关键。用户需求通常包括使用的便捷性、功能的完备性、体验的友好性等方面。例如，用户需要简洁的用户界面、快速的检索功能、灵活的权限设置等。企业只有深入了解用户的实际需求和期望，才能设计出真正贴近用户的档案信息管理系统。

技术需求是构建数字化系统的基础。在这一环节中，企业需要充分考虑技术的选择和应用，包括硬件平台、软件环境、网络设施、数据安全等。技术需求的明确不仅可以保证系统的稳定性和安全性，也可以保证系统的扩展性和可维护性。

需求分析并不是一次性的任务，而是一个持续、迭代的过程。随着企业环境的变化，业务需求、用户需求和技术需求都可能发生变化，这就需要企业持续地进行需求分析，及时调整和优化数字化系统。总的来说，需求分析是企业档案信息数字化的基础，它可以帮助企业明确目标、制定策略，保证数字化过程的顺利进行和高质量完成。

2. 技术方案设计

企业需要根据需求分析，设计档案信息数字化的技术方案，包括数据结构设计、系统架构设计、安全措施设计等。

（1）数据结构设计。在档案信息数字化的过程中，数据结构设计是至关重要的一步。选择正确的数据结构不仅影响着系统的效率，还关系到信息的准确性和完整性。企业需要根据档案的特性以及用户需求来设计数据结构。例如，企业可以通过构建元数据来描述和组织档案信息，使其在数字环境中可被有效检索和管理。数据结构还需要考虑数据的一致性、完整性和可拓展性等因素，以便适应企业的变化和发展。

（2）系统架构设计。系统架构设计涉及系统的各个组成部分以及它们之间的交互关系。在设计过程中，企业要考虑系统的可扩展性、可维护性、稳定性和安全性等。根据不同的业务需求和技术条件，企业可以选择集中式架构、分布式架构、微服务架构等不同的设计模式。为了保证系统的高可用性和灵活性，企业还需要设计负载均衡、数据备份、故障恢复等机制。

（3）安全措施设计。随着数字化的深入，数据安全问题日益突出。在技术方案设计中，企业必须把安全问题放在首位。这里的安全措施包括数据的加密存储和传输、权限的精细管理、日志的详细记录、防火墙和防病毒的部署等。企业还需要建立数据的备份和恢复机制，以防止数据丢失或损坏。

3. 系统开发与测试

系统开发与测试阶段是企业档案信息数字化实施的重要环节，这一阶段的主要任务是根据技术方案进行系统开发，并通过测试来验证系统的功能和安全性是否满足设计要求。

在系统开发阶段，开发团队需要按照软件工程的标准流程（包括需求分析、设计、编码、集成等），来实现系统的各项功能。开发团队还需要考虑系统的可用性、可扩展性和可维护性等非功能性需求，如系统的界面设计应简洁易用、数据结构和算法应能支持大数据量和高并发、代码和文档应易于理解和修改。

测试是保证系统质量的重要手段。测试的目的是发现和修复系统的错误，验证系统的功能和安全性是否满足设计要求。常见的测试方法包括单元测试、集成测试、系统测试和验收测试等。其中，单元测试主要检查每个模块的正确性，集成测试主要检查模块间的交互正确性，系统测试主要检查系统的整体性能和稳定性，验收测试主要检查系统是否满足用户需求和商业目标。

系统开发与测试阶段需要良好的项目管理和质量保证。项目管理的目的是控制开发的进度、成本和风险；质量保证的目的是保证开发的产品符合预定的标准和期望。开发团队还需要与业务部门、用户和供应商等多方紧密合作，共同推进系统的开发和优化。

在系统开发与测试过程中，敏捷开发方法是值得推荐的实践。敏捷开发强调迭代、灵活和用户参与，能更好地应对需求的变化和不确定性，提高开发的效率和质量。具体来说，敏捷开发可以分为多个短周期的迭代，每个迭代都包括需求分析、设计、编码和测试等环节。每个迭代完成后，都会产生一个可用的产品版本，用户可以试用这些版本，提供反馈，供开发团队在下一个迭代中进行改进。

4. 数据迁移、整合与清洗

数据迁移、整合与清洗是将原有的档案信息进行数字化处理，迁移到新的系统中，并进行数据整合与清洗，提高数据质量。

数据迁移是把数据从旧系统转移到新系统的过程。这个过程需要注意数据的完整性和一致性。在实际操作中，数据迁移需要通过数据抽取、转换和加载等技术来实现。数据迁移的挑战在于处理大量数据的迁移、处理不同系统间的数据兼容性问题以及保证数据迁移过程中的数据安全性。数据迁移过程还需要进行数据的转码、格式化等操作，以适应新系统的要求。

数据整合是将不同来源的数据集成到一起，提供统一的视图。数据整合的目的是消除数据冗余，提高数据的一致性和可用性。在实际操作中，数据整合需要通过数据仓库、数据湖等技术来实现。数据整合的挑战在于处理不同来源数据的一致性问题、处理数据冲突和不一致问题以及处理大量数据的整合问题。

数据清洗是对数据进行质量检查和错误纠正的过程。数据清洗的目的是提高数据的准确性、完整性和可靠性。在实际操作中，数据清洗需要通过数据探索、数据校验、数据修复等手段来实现。数据清洗的挑战在于处理大量数据的清洗问题、处理数据质量的多维度评价问题以及处理复杂数据错误的纠正问题。

数据迁移、整合与清洗阶段需要有专门的数据治理团队来负责。数据治理团队需要有数据管理、数据分析等多方面的专业知识，还需要与业务部门、技术部门和用户等多方紧密合作，共同推进数据的迁移、整合与清洗。

5. 系统运行与维护

系统运行与维护阶段是企业档案信息数字化实施完成的后续工作。在这个阶段，新的档案信息管理系统正式投入使用，需要进行一系列的运维工作，以保证系统的稳定运行和优质服务。

在新的档案信息管理系统启动后，企业需要监控系统的运行状态，包括系统性能、系统可用性、系统安全性等。这些运行状态的数据对于系统的稳定运行至关重要。例如，性能监控可以发现和解决系统的性能问题，可用性监控可以评估和提升系统的服务质量，安全性监控可以预防和应对系统的安全威胁。在系统运行阶段，企业还需要关注用户的使用情况和反馈，以用户需求和用户体验为导向，进行必要的系统优化和功能改进。

系统维护主要包括故障处理、系统更新、数据备份等工作。故障处理是解决系统运行中出现的问题，确保系统的稳定运行；系统更新是根据业务需求和技术发展，对系统进行升级和优化，提高系统的功能性和可用性；数据备份是防止数据丢失或损坏，保证数据的完整性和可恢复性。在系统维护过程中，企业需要建立一套标准化的运维流程和规范，提高运维的效率和质量。

在系统运行与维护阶段，除了技术和管理工作，企业还需要重视人才培养和团队建设。一方面，企业需要有专门的运维团队来负责系统运行和维护；另一方面，企业需要通过培训和学习，提升运维团队的专业能力和服务水平。运维团队还需要与业务部门、技术部门和用户等多方紧密合作，共同推进系统的运行和优化。

（二）企业档案信息数字化高质量发展的管理策略

1. 全员参与策略

全员参与策略的核心是鼓励所有员工参与到企业档案信息数字化的过程中，而不局限于 IT 部门或者档案管理部门。这种策略的重要性在于，它提高了员工对数字化转型的理解和接受度，员工能够利用更多的知识和更广的视角去优化和改进数字化的过程。企业可以定期举办相关的培训和讲座，提高员工的数字化知识和技能；可以设立特定的团队或者小组，由不同部门的代表共同参与、共同讨论、共同解决数字化过程中的问题和挑战；可以设置内部的激励机制，鼓励员工积极参与和提出改进意见，从而增强企业档案信息数字化的质量和效果。

2. 数据驱动策略

在企业档案信息数字化的过程中，通过收集、处理和分析数据，企业可以更准确地了解和预测业务需求、用户行为和市场变化，从而做出更科学和有效的决策。企业需要建立一套完善的数据收集和处理机制，确保数据的准确性和完整性；需要使用先进的数据分析工具和技术，提取和理解数据中的信息和知识；需要建立一套数据驱动的决策流程，将数据的分析结果应用到业务决策和运营优化中，实现数据驱动的管理和运营。

3. 安全优先策略

安全优先策略的核心是在企业档案信息数字化的过程中，必须始终保持对信息安全的高度关注，实施有效的安全管理和控制。由于企业档案信息涉及企业的重要信息和知识，因此信息安全的管理和控制至关重要。企业需要建立一套完善的信息安全体系，包括安全政策、安全技术和安全人员等多个方面；需要实施有效的安全控制措施（包括数据加密、权限控制、安全审计等），防止信息的泄露和损害；需要进行定期的安全检查和评估，及时发现和解决安全问题，提升信息安全的管理水平。

（三）企业档案信息数字化高质量发展的评价与优化方法

评价和优化是企业档案信息数字化高质量发展的重要环节。在评价方面，关键绩效指标（KPI）是用来衡量项目或活动成功程度的指标；用户反馈也是一个重要的评价手段，可以帮助企业了解用户的需求和期望，从而更好地提升服务质量。在优化方面，持续改进是关键，它涉及系统的改进、流程的优化、用户体验的提升以及数据安全的强化。

1. KPI 评价

KPI 是衡量一个管理工作成效的指标，可以用来评估企业档案信息数字化的效果。KPI 可以根据企业的具体目标和需求（如数据质量、用户满意度和操作效率等）进行定制。数据质量可以通过数据的准确性、完整性、一致性和时效性等因素来衡量；用户满意度可以通过用户调查、满意度评分、反馈等方式来衡量；操作效率可以通过处理时间、任务完成率、系统性能等参数来衡量。企业应定期进行 KPI 评价，了解数字化进程的执行情况，为优化提供数据支持。

2. 用户反馈

用户反馈是企业了解用户需求和期望的重要手段。通过用户调查、访谈、观察等方式收集用户反馈，企业可以理解用户在使用档案信息管理系统时的体验和问题，从而找到优化的方向。用户反馈还可以帮助企业了解市场趋势和竞争态势，为企业的战略决策提供有价值的信息。因此，企业应重视并积极收集用户反馈，将此作为优化的依据。

3. 持续改进

根据KPI评价结果和用户反馈，企业需要进行企业档案信息管理系统的持续改进。改进的方向包括优化业务流程、提升用户体验、强化数据安全等。例如，如果KPI评价显示数据质量有待提升，企业可以优化数据采集和处理的流程，提升数据的准确性和完整性；如果用户反馈显示用户体验不佳，企业可以优化界面设计、提升服务质量，提高用户满意度；如果数据安全问题频发，企业可以强化数据保护措施，提升数据的安全性。只有持续改进，企业的档案信息管理系统才能适应不断变化的环境和需求，实现高质量的发展。

四、企业档案信息数字化高质量发展方法实践分析——以广州A公司电子档案数据中心系统二期建设方案为例

（一）需求分析

广州A公司，作为区开发建设的支柱型国有企业，现已发展为集多元化业务于一体的现代化企业。随着业务的不断发展和扩张，企业对档案的需求也在大幅度增长。然而，现有的档案管理模式存在效率低下、信息共享困难、档案查全率和利用率较低等问题，已经无法满足企业的需求，这些问题严重阻碍了公司运营效率的提升。目前，该公司总部已经完成了电子档案数据中心系统的一期建设，可以通过系统收集和管理各业务门类档案。但由于子公司的项目众多且同时进行，大量不同业务类型的档案需要管理，导致当前子公司的档案管理基本处于空白状态。因此，该公司计划建立一套档案信息综合管理平台，实现全公司（包括各

子公司）档案信息资源的共享和统一管理，提高数据存储和保护的安全性，从而全面提高公司的档案管理水平。这套管理平台的建设目标包括规范电子档案信息的管理、减少重复劳动、降低数据处理成本、实现档案信息资源的共享、统一标准和规范、实现统一窗口的开放利用。

（二）技术方案设计

该公司电子档案数据中心系统的建设采用的是“分级控制、集中管理”的策略。这种策略通过下属各子公司的档案终端管理系统，实现在线获取电子文件和档案信息，并对获取的电子文档信息进行真实、完整和有效的验证以及元数据的捕获。档案资源管理中心系统能够集中对下属子公司的电子档案进行接收和数据固化，并长期安全地保存，方便统一管理和使用电子档案资料，如图 4-1 所示。

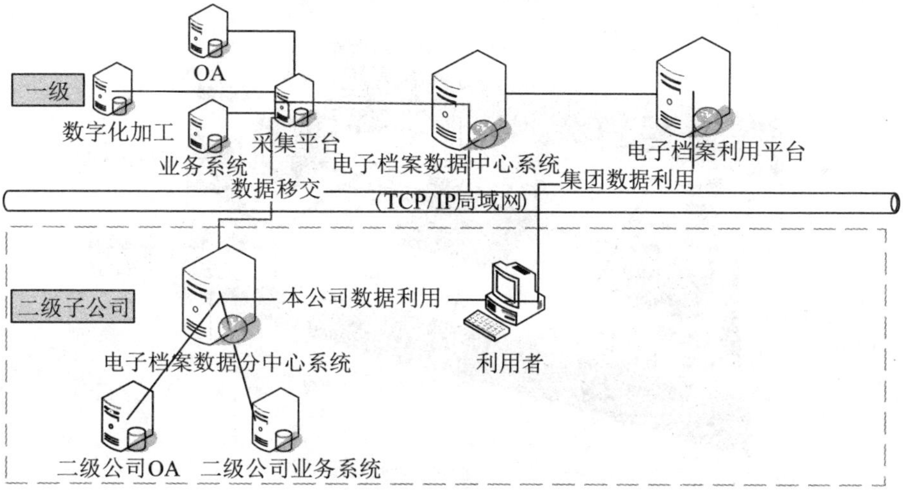

图 4-1　系统部署拓扑结构图

此项目采用的是集中式部署模式，该模式把电子档案数据中心系统扩展到所有的子公司，数据涵盖全公司的目录数据库、全文数据库以及多媒体数据库，并由公司通过档案资源管理中心系统控制数据的发布和利用。其中，集中式部署的成本较低，相比分布式部署，集中式部署只需在公司总部建设一套系统和基础硬件设施，通过网络覆盖到所有子公司，实现分级分权的使用。分级控制、集中管理可将日后档案系统的维护压力分摊到各个子公司，而不是全部压在总部。

由于所有的档案数据都存储在总部的存储设备中，因此存储设备需要满足一定的要求，要有足够的容量来承载所有的数据。另外，对数据备份的需求也十分紧迫，因为一旦发生设备故障或者数据丢失，可能会影响整个公司的运行。

1. 建设方案

该公司电子档案数据中心系统的建设包括电子档案的收集、管理、存储和利用，采用的是三层架构（数据层、中间层和应用层）以及面向服务的架构（SOA），如图 4-2 所示。

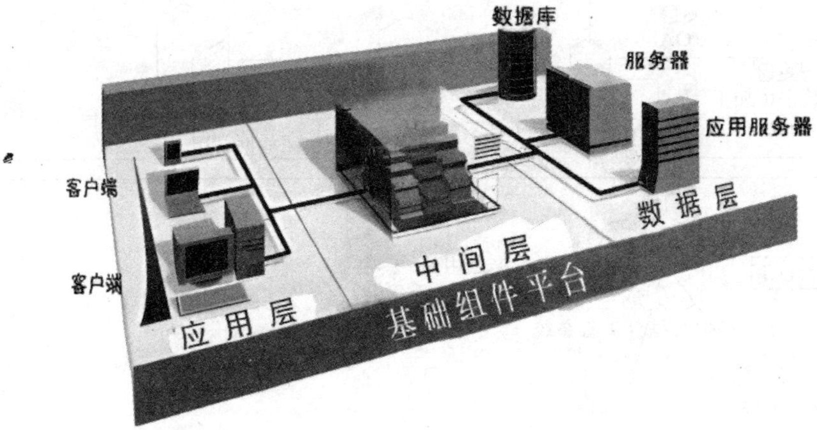

图 4-2　基础组件平台示意图

（1）数据层。数据层采用的是 Microsoft SQL Server 或 Oracle 数据库系统，存储着各种类型的数据，能够提供数据备份、恢复和访问其他数据库的接口。

（2）中间层。中间层即后台服务系统，能够实现文件的综合管理和工作流程的控制，实现 Web 信息的发布，提供数据库管理和安全管理系统。

（3）应用层。在应用层中，用户可以通过 Web 浏览器操作，进行电子邮件收发、数据传输和信息发布等操作。

2. 技术路线

（1）内容管理技术。公司全程管理电子文件内容，使用数据挖掘技术对数字内容进行智能分析处理。

（2）知识管理技术。公司使用信息技术进行知识资源管理，挖掘潜在的知识规律，实现知识自动化处理和知识共享网络。

（3）存用分离技术。电子文件的存储和利用格式分离，保证电子文件在利用过程中不失真，同时节省网络资源。

3. 系统软件支撑

（1）操作系统。操作系统支持 AIX、HP-UX、Windows、Linux 等。

（2）数据库。数据库支持 DB3、Oracle、Microsoft SQL Server 等。

（3）中间件。应用服务器中间件可使用 WebSphere、Apusic、Tomcat 等。

（4）应用中间件。应用中间件可使用 Struts、WebService、Spring、Hibernate 等。

（5）客户端。客户端主要针对 Microsoft Internet Explorer（IE）6.0 及以上版本，如图 4-3 所示。

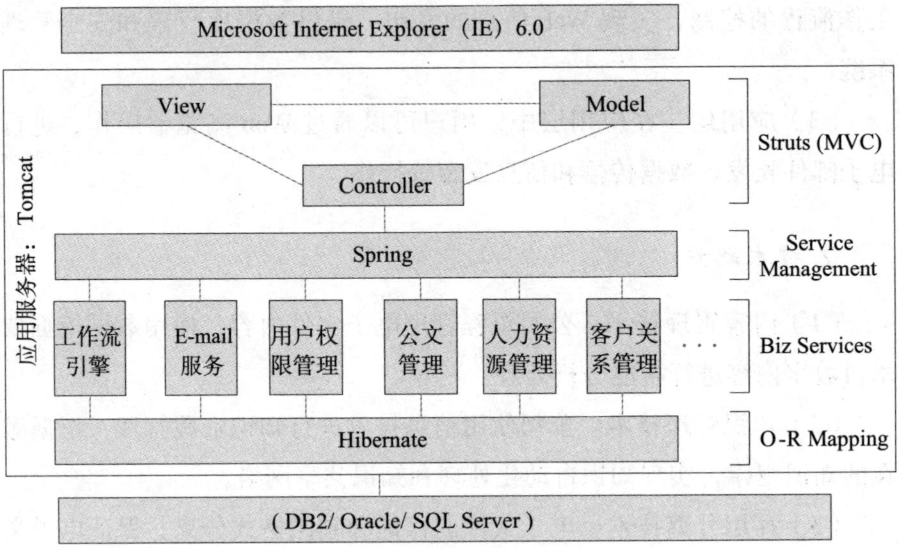

图 4-3　浏览器客户端示意图

浏览器客户端在该电子档案数据中心系统中扮演着重要的角色。它属于系统的应用层，用户可以通过浏览器进行各种操作，包括接收和发送电子邮件、数据传输、信息发布等。

在设计中，为了适应不同用户的使用习惯和设备环境，系统主要针对 Microsoft Internet Explorer（IE）6.0 及以上版本进行优化，也应兼容其他主流浏览器，如 Google Chrome、Firefox、Safari 等。

浏览器客户端的主要优点在于，它的便利性和无须特殊配置。用户无须安装额外的软件或应用，只需在其设备上安装的浏览器中访问特定的网址即可接入系统。这使用户可以在任何有网络连接的地方使用系统，提高了工作的便利性和效率。浏览器客户端还为系统的维护和更新带来了便利。系统的更新或维护只需在服务器端进行，无须在每个用户设备上单独进行，大大降低了维护工作的复杂性和成本。

4. 系统平台

系统平台包括系统软件、工具软件、应用软件和信息发布系统。系统软件能够提供工具软件和应用软件的运行平台以及系统操作平台。工具软件能够提供操作人员在使用电脑时的方便快捷功能。应用软件用于实现信息管理和辅助领导决策。信息发布系统允许信息的所有者将信息发布到网络上。

5. 系统安全措施

（1）网络安全基础平台。网络安全基础平台包括系统加固、访问控制、安全服务和防病毒等方面的措施，以加强网络的安全性。

（2）应用安全平台。应用安全平台包括授权与用户管理、访问控制、XML 加密和数据安全等手段，以确保应用系统的安全性。

（3）安全管理。安全管理包括人员组织管理、管理制度与规范以及安全培训等方面的措施，以确保系统的安全管理和维护。

6. 业务系统与档案系统的互动

业务系统（办公系统）和档案系统通过集成接口进行互动，用户可以在业务系统中直接登录档案系统，业务系统生成的档案可以直接归档到电子档案系统，进行数据整理和管理，如图 4–4 所示。

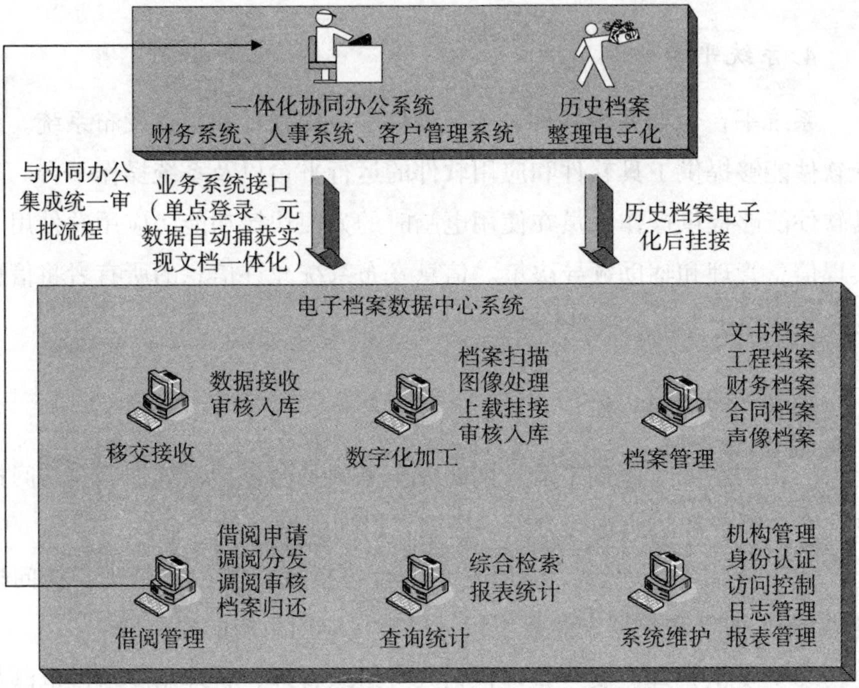

图 4-4　业务系统（办公系统）和档案系统通过集成接口进行互动示意图

7. 系统可扩展性设计

通用开发平台的设计理念是基于大型数据库构建一个通用、灵活的信息管理平台，以满足各种业务需求。其主要特点有三个：三层架构、组件技术和全柔性构造。其中，该平台的三层架构如图 4-5 所示。

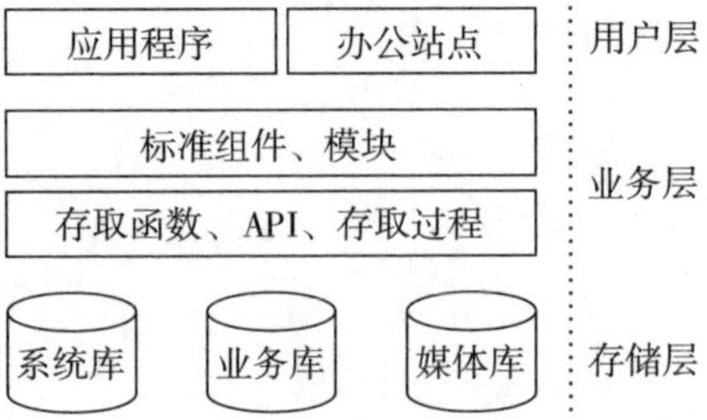

图 4-5　通用开发平台的三层架构

三层架构将用户层单独分离，减轻客户端负担，方便改组、人员调动和系统升级。使用组件构建系统可以提高复用性、扩充性和重组能力，降低系统维护和升级的复杂性和成本。通过组件技术和全柔性构造，平台提供了可靠、可扩展、易于增加的办公和信息基础架构。

（三）档案应用系统设计

档案资源管理中心系统的应用系统设计，旨在管理和保存该公司及其子公司的档案数据，包括文书、合同、项目、基建、会计、设备、声像、审计、实物档案等类型的档案数据。其架构如图 4-6 所示。

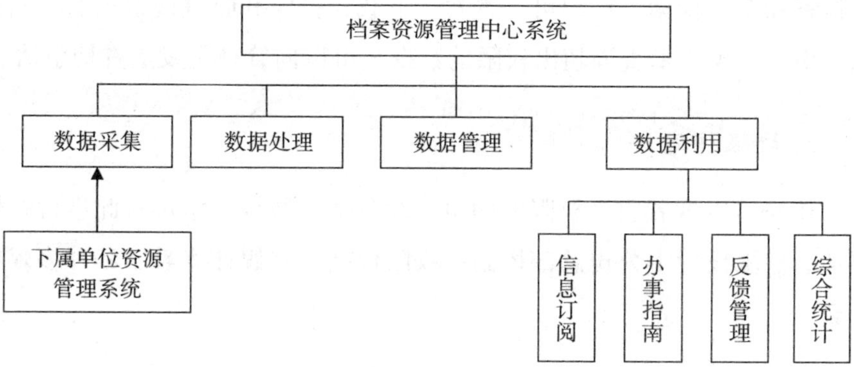

图 4-6　档案资源管理中心系统架构示意图

系统功能模块主要包括数据采集、数据处理、数据管理和数据利用。采集的数据来自一体化协同办公系统的数据、各类前端业务系统的归档数据和下属子公司移交的档案数据包。

数据采集平台包括三个主要功能：数据接口导入、数据包导入和手工录入。数据接口导入能够自动将办公系统及其他业务系统中的数据转入档案系统中；数据包导入提供了从原档案系统中导入数据的功能；手工录入则是对纸质文件进行扫描转换，并手动输入到系统中。

数据管理平台用于管理和保存来自下属子公司的档案数据。其主要功能包括未归档管理、案卷管理、卷内管理、归档管理、资料管理和编研管理。各项管理功能包括了增加、删除、修改、查看、销毁、打印、鉴定、开放、排序等操作。其中，编研管理模块负责制作、发布和利用文档数据的专题，包括专题制作、专题数据的录入或导入以及专题数据的下载和交换。

此外，系统还有在线数据移交功能，管理员可以通过此模块向市档案局进行数据移交，并获取反馈信息。

（四）档案利用平台

档案利用平台允许用户搜索和利用档案数据，包括条目检索、高级检索和全文检索。用户可以查看、下载、打印和收藏搜索到的文档信息。用户如果需要查询超出权限的数据，可以向管理员发送查档申请。

1. 权限档案

用户可以查看自己权限内的单位和分类的数据，也可对此进行查档申请。权限设置由公司总部控制。权限包括“多媒体查看”和“多媒体下载”。

2. 开放档案

用户可以对数据管理模块中开放的条目和原文的数据进行检索。用户可以输入关键字进行模糊检索，也可以在多个全宗、多个档案类型或者多个档案库之间进行检索。

3. 借阅管理

用户可以借阅电子档案。用户如果需要查询超出权限的数据，可以提交申请。用户还可以借阅实物档案，具体流程包括借阅登记、借阅归还、到期提醒催还。

用户既可以提交利用申请，也可以管理自己的申请。档案系统管理者和档案管理员可以审批用户提交的利用申请，并对这些审批进行管理。

（五）系统集成方案

1. 文档一体化接口

基于 XML 的文档一体化接口是本项目的重要组成部分。接口的建设目的，就是按照电子文件元数据标准，及时接收下属各子公司向公司总部档案数据中心提交的办理完毕的电子文件，并保证电子文件在传输过程中的安全性和时效性。

基于 XML 的文档一体化接口是一个跨单位、跨部门的，以 XML 技术为核心，可依托 CA 认证、数字签名、传输加密等技术，实现安全可靠的电子文件包的接收的技术。

文档一体化接口能够为所有档案数据提供交换的途径，包括 OA 系统和其他业务系统与档案管理中心系统的数据交换、下属子公司与公司总部的档案数据交换、基层档案室与中心和分中心的档案数据交换。

为了保障系统的开放性以及能够对不同的 OA 系统和档案系统进行数据的交换，文档一体化接口需要采用标准的 WebService 接口进行数据交换。

2. 业务系统接口设计

为实现电子文件的在线收集，按照电子文件归档的要求，档案管理系统自动采集 OA 系统的收、发文办结数据（包括表单、流转记录、正文、附件）以及业务系统的待归档数据，采用标准数据接口进行数据交换。接口设计采用标准 XML 数据格式。

（1）接口设计。接口设计是在业务系统办理过程中，自动生成档案元数据信息，将业务系统中的目录数据和电子文件，导出到一个指定的物理位置。业务系统发送归档指令后，自动将目录数据生成标准的数据格式文件（XML 格式文件），并将成文后的电子文件导出保留红头和印章。档案系统在指定位置获取 XML 文件和电子原文。

（2）接口界面。归档接口程序是以服务程序的形式运行在指定的机器上，系统自动提取档案系统需要的一些元数据信息，不必手工录入，如果有原文也一并提取。接收接口程序也是以服务程序的形式运行在指定的机器上，程序每天定时自动启动，接口程序按元数据的接口规范标准对数据包进行解析和三性验证。

（3）数据在线交换过程。这个过程不仅覆盖了 OA 系统，也包括其他业务系统与档案管理中心系统的数据交换以及下属子公司与公司总部的档案数据交换。这是通过创建一个基于 XML 的文档一体化接口实现的，可以跨单位、跨部门进行安全、可靠的电子文件交换，如图 4-7 所示。

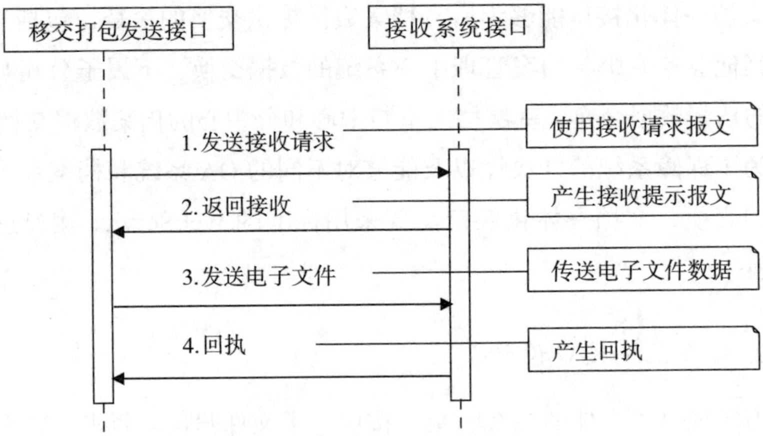

图 4-7　数据在线交换过程

3. 用户信息同步

用户信息同步使档案管理系统与 OA 系统的用户信息保持一致。这种同步包括系统初始化时的用户信息导入以及日常管理和维护时的用户信息同步。用户信息包括用户的基础信息、岗位及角色信息（如登录账号、用户名称、密码、E-mail、手机号码等信息），系统需要统一密码的加密算法。

4. 单点登录

单点登录功能使用户只需要登录一次公司的 OA 系统，就可以访问其他所有相互信任的应用系统，无须重复校验用户信息。审批流程整合功能使档案利用平台的用户可以向档案管理员发出查看或查阅文件的申请，管理员则可以在 OA 平台上审批这些申请。

档案管理系统在 Portal 中以 Iframe 的形式展现，因此档案管理系统能够提供一个入口链接，通过该链接，用户可以跳过用户名和密码的校验，直接进入档案系统。

用户身份有效性校验的流程如下：

（1）用户输入用户名、密码登录 OA 系统或者其他业务系统。

（2）用户点击档案系统入口时，OA 系统（或其他业务系统）用加密方式生成一个数据校验码（用户名 + 时间戳 + 密钥），然后将生成的校验码、用户名、时间戳，以 URL 参数的形式附加到档案管理系统的入口链接上。

（3）档案管理系统在处理对入口链接的请求时，从 Request 中获取校验码、用户名和时间戳，首先比较时间戳与当前时间的时间差是否超时（因为时间戳是打开档案系统链接时获取的），然后再用接收到的校验码（用户名 + 时间戳 + 同一个密钥）进行加密，比较校验码是否与接收到的匹配，若匹配则按用户正常登录的流程处理，否则用户无法进入档案管理系统。

5. 审批流程整合

当有档案利用平台的用户向档案管理员发出“查看已开发条目数据

的电子原文”和“查阅未开放的文件”这两种申请时，档案管理员每次登录OA平台，系统都会弹出“未办理的借阅申请”提示信息。档案管理员即可通过点击该提示信息进入管理平台对该申请进行审批。

档案管理员完成了借阅审批后，申请借阅的用户即可在OA平台上得到反馈信息，点击该信息即可利用平台查看相关的文件。

第五章

企业数字档案馆高质量发展研究

第一节　企业数字档案馆的概念及建设的必要性

数字档案馆的建设在当前数字化、网络化的社会环境中具有重要的意义。数字档案馆不仅可以提高档案的利用效率，提供更好的用户服务，而且是传统档案工作向现代化、信息化转变的必然趋势。

一、数字档案馆的背景及概念

随着信息技术，特别是计算机、数字存储和网络技术的日益发展，我们已经步入了一个充满挑战和机遇的数字时代。在这个时代，大量的数字信息被生成且需要组织和管理，这种现象催生了数字档案馆的概念。

这个概念的提出可以追溯到1994年。当时，美国档案界的玛格丽特·海兹乔姆（Margaret Hazelsom）在国际会议上首次提出了“电子档案馆”这一概念。1996年，美国电子记录管理专家戴维·比尔曼（David Bearman）在第十三届国际档案大会上发表了关于“虚拟档案”的报告，进一步发展了数字档案馆的思想，并提出了虚拟档案管理的元数据体系。

1998年，我国的冯惠玲教授在一篇论文中概述了电子档案馆的概念，提出这种档案馆也可以称为“数字档案馆”“虚拟档案馆”“无墙档案馆”。这一概念的提出，标志着数字档案馆不再是一个具体的机构或存放场所，而是更加抽象和广泛的概念。

到了2000年，我国国家档案局将“数字档案馆工程研究与开发”作为当年的全国重点档案科技攻关计划，标志着我国档案界开始对数字档案馆进行研究和建设。数字档案馆的概念被提出后，学界开始了对它的深入探讨和研究。例如，学者王宇晖定义数字档案馆为一个将分散在各种载体和地理位置的信息资源数字化，并通过网络连接，以便提供实时利用和资源共享的数字化信息系统。

进入21世纪，随着信息技术的飞速发展和全球范围内对智慧城市理念的广泛接纳，企业对档案管理的需求正在发生深刻变化。企业和城市需要一种更高效、全面、智能的方式来管理、使用和分享海量的档案信息，以应对社会、经济和科技的快速变化，满足公众对信息获取的高度需求。这大大推动了数字档案馆建设的必要性和紧迫性。数字档案馆不仅可以实现档案的数字化、整合和共享，而且可以通过网络为公众提供全天候、无障碍的服务。在这个过程中，档案工作的核心从传统的收集、保管和利用档案，转变为通过信息技术来管理和服务档案信息。与此同时，数字档案馆也面临一些挑战，包括如何保护档案的安全、如何处理海量数据、如何提高服务质量等。但无论如何，数字化、网络化和智能化是档案工作未来的必然趋势。

自2008年IBM公司提出“智慧地球”概念，2010年进一步提出“智慧城市”这一理念以来，“智慧+”已逐渐成为信息技术下各领域未来所追求的目标。智慧城市具有全面感知、互联互通与智能化的特点，能够以无处不在的网络环境笼罩城市的各个角落，广泛捕捉周围环境的海量数据，提供数据的管理、共享及其他服务。因此，智慧档案馆的理念应运而生。相比于数字档案馆，智慧档案馆更加强调档案信息的全面感知、互联互通、智能化应用、用户参与和创新的角色。这是基于大数据、云计算、物联网等高新技术的全新档案管理和服务模式。

数字档案馆是智慧档案馆的前奏，智慧档案馆是数字档案馆的延伸，二者的管理对象不同，关注点也不同。

智慧档案馆专注于管理多元化的档案信息资源，包括传统档案（如纸质档案、金石档案、帛档案等）、新型档案以及在档案管理流程中产生的相关信息。数字档案馆的重点在于以数字形式管理各种非结构化的数据。从某种程度上来说，数字档案馆更像是一个数据中心，具有数据有序处理和集成管理的功能。

智慧档案馆与数字档案馆的重点关注领域有所不同。以人为中心的智慧档案馆更侧重于满足人们对档案管理和利用的需求。在智慧档案馆的环境下，无论是针对电子档案、纸质档案，还是针对档案检索、编研，人们都可以通过手机、互联网等多种手段，随时开展档案信息资源的查询、咨询和获取等服务。数字档案馆更关注电子文件和档案的收集、整理和利用，它通过将原有馆藏文件进行数字化处理，从而更方便地管理和控制数字信息。虽然数字档案馆能够通过数字化管理电子档案信息资源，使"死档案"变为"活信息"，便于查找、利用和管理，但纸质档案的管理任务仍然沉重，数字档案馆并未改变这种情况。

智慧档案馆依赖于大数据、云计算、物联网等先进技术，以人为中心，旨在提供高质量的管理和优质的服务，提升档案管理和档案馆运行效率。智慧档案馆的智能体现在智能地感知和传递信息，聪明则体现在聪明地应对和处理信息，而这正是数字档案馆所追求的终极目标。

从广义上看，智慧档案馆是档案馆信息化建设的高级发展阶段，也是档案馆在智慧城市背景下发展的高级形态。这种理解将智慧档案馆看作现有数字档案馆研究领域的一种突破。智慧档案馆也被视为更大的概念，使人、实体和建筑融为一体。尽管对于智慧档案馆的具体定义还没有达成一致，但我们可以认为，智慧档案馆是智慧城市和档案馆或数字档案馆概念的融合，三者关系相当紧密。

在此背景下，数字档案馆的建设迫在眉睫，它是一种可以通过数字化技术转化、整合和管理档案资源，以及利用信息网络为用户提供服务的新型档案馆。在技术上，数字档案馆依赖于数字化、数据库、互联网、多媒体等信息技术的广泛应用以及大数据、云计算等先进技术的整合。在服务模式上，数字档案馆突破了传统档案馆的物理空间限制，实现了远程访问和多用户同时访问。

二、企业数字档案馆的特性

（一）无时空限制

传统档案馆的物理存在形态导致其受到地理位置的限制，而企业数字档案馆则打破了这一束缚，用户无论身处何处，只需要通过网络连接就能获取档案馆的资源。这种全球化的信息获取和分享不仅增强了档案馆的服务能力，也极大地方便了用户，尤其对于分布在全球各地的大型企业，其员工可以不受地域限制，迅速获取和分享企业的档案信息。

传统档案馆的开放时间受制于人力和成本等多种因素，往往只能在一天的固定时间段对外开放。而数字档案馆利用了现代化的信息技术，可以提供全天候的服务。这种不间断的服务模式，让档案信息的查询、获取变得更为方便，满足了现代社会快速、灵活的信息需求。

传统档案馆的档案存储受限于实际空间，随着档案数量的增加，存储和管理的问题会变得越来越明显。而数字档案馆的电子形式的档案存储，在很大程度上解决了空间问题。通过网络存储和云技术，数字档案馆可以实现大量档案的高效存储和管理，且存储空间可以根据需求进行灵活扩展。

企业数字档案馆可以为用户提供个性化的服务，如个性化的检索、推荐等。这种个性化服务能够基于用户的历史行为、兴趣偏好等数据进行智能分析和处理，不仅提高了信息获取的准确性和效率，也提升了用户的使用体验。

（二）快速查找

数字档案馆的快速查找特性源于其内在的数据库技术和优化的检索系统，这不仅提升了档案的查找速度，也增强了查找的精确性。

在企业数字档案馆中，档案信息被转化为电子形式，存储在专门设计的数据库中。这样的数据库设计可以保证信息的高效存储和检索，以优化档案管理流程并提高工作效率。这种转化使信息可以按照不同的标准进行组织和管理，进一步促进了信息检索的灵活性和效率。

数据库技术的使用提供了更多高级的检索方式（如布尔逻辑检索、模糊检索、全文检索等），这是在传统纸质档案馆中难以实现的。这些检索方式能够在大量数据中迅速定位用户所需要的信息，从而满足现代社会对于信息查找的即时性和准确性的需求。借助现代计算机技术（如人工智能和机器学习），企业数字档案馆还能实现智能化的档案管理和服务。通过学习和分析用户的行为模式，智能系统可以提供个性化的检索建议和优化服务，进一步提升档案查找的速度和精确度。

数据库技术不仅保证了档案信息的有序存储，还提供了一种机制，使档案信息能够按照特定的规则进行分类和检索，从而实现快速查找。

（三）多媒体显示

在企业数字档案馆中，多媒体显示的特性表现得尤为显著，这一特性打破了传统档案馆仅依赖文字和图片来传递信息的局限性，扩大了档案的表现形式（包括音频、视频、图像等多种形式），为用户提供了更为丰富和多样的信息体验。

借助多媒体技术，数字档案馆成功地集成了各种不同类型的媒体文件（如电子文本、图片、音频和视频等），使这些不同形式的档案能够共享和交换信息，从而实现了信息的多维度展示。这种多媒体展示方式不仅使档案信息更为直观、生动，还提升了档案馆的信息服务质量，丰富了用户的检索体验。

随着虚拟现实和增强现实等前沿技术的快速发展，企业数字档案馆能将这些技术应用于档案展示中，为用户提供更为立体、直观和富有沉浸感的信息体验。例如，用户可以通过虚拟现实设备浏览历史档案，感受历史事件的场景再现，这将极大地提升用户在获取信息的过程中的参与感和体验感。

对于企业而言，多媒体显示的特性不仅可以提升档案馆的服务水平，也可以更好地保护和利用档案资源。例如，企业可以将重要的会议录音、视频文件等作为档案保存，这样的档案形式能够更全面、真实地记录和反映企业的运营状态和历史变迁，对于企业的决策支持和历史研究具有重要的价值。

（四）易于保护和复制

传统的纸质档案容易受到自然环境（如湿度、温度）和人为因素（如疏忽、操作失误）的影响而损坏或遗失，且往往难以修复或找回。数字档案则在这方面表现出显著优势。数字档案的存储对自然环境的依赖性较低，只需要保证数据服务器或存储设备的稳定运行，就可以实现长期、安全的保存。数字档案的存储方式也更为安全，通过数据加密、权限管理等手段，可以有效防止档案数据被非法访问或篡改。

在数字档案馆中，档案数据的复制和备份可以通过简单的数据复制命令实现，且复制的数据与原数据完全一致，不会出现因复制过程而导致的信息丢失或变异。通过云存储等技术，我们可以将档案数据备份到不同地理位置的服务器上，即使某一服务器出现故障，也不会影响档案数据的安全。定期的数据备份还可以有效防止因数据丢失或损坏而导致的档案遗失。

企业数字档案馆易于保护和复制的特性，极大地提升了档案的保护水平，保障了档案数据的完整性和安全性，提高了企业对档案资源的利用效率和效益。

（五）方便整合

通过数字化技术，企业可以将各种来源、各种形式的档案整合在一起，构建全面、统一的档案资源库，极大地提升档案资源的利用效率。

在传统的档案管理中，由于档案形式的多样性（如纸质文档、图片、音频、视频等）和来源的广泛性（如各部门的工作报告、项目文件、会议记录等），档案的管理和利用往往面临诸多挑战。数字化技术的应用，为这一问题提供了新的解决路径。借助数字化技术，各种类型、各种来源的档案都可以转化为统一的数字格式，这一过程不仅保留了原始档案的信息内容，也使档案的存储、管理和使用变得更为便捷。例如，纸质文档可以通过扫描技术转化为数字格式、音频和视频可以通过编码技术转化为数字格式，然后这些数字化的档案都可以存储在数据库或云存储平台上，实现统一的管理和访问。

在此基础上，企业通过搭建统一的档案资源库，可以将企业内的所有档案资源进行集中管理，无论档案的类型和来源如何，都可以在这个资源库中进行检索、查看和使用。这样的档案资源库，不仅提升了档案的管理效率，也极大地增强了档案的可利用性，为企业的决策提供了更为丰富和准确的信息支持。借助数字化技术，企业还可以实现档案资源之间的深度整合。例如，企业可以通过数据挖掘和分析技术，将散落在不同档案中的信息进行关联，构建全面、深度的信息网络，进一步提升档案资源的价值。

三、企业数字档案馆建设的必要性和优势

（一）企业数字档案馆建设的现实需求

随着信息化时代的发展，企业生产经营的各个环节都在产生大量的信息（包括纸质文档、电子文件、音频和视频资料等各种形式的档案），这些信息对于企业的决策、运营、监控等活动具有重要的参考价值。如果这些信息不能进行有效的管理，往往无法发挥其应有的作用，甚至可能成为企业运营的隐患。因此，建设数字档案馆，实现信息的有效管

理，已经成为企业迫切的需求。

在当前的商业环境中，企业需要遵守各种法规，包括财务报告、数据保护、知识产权等各方面的规定。这些规定往往要求企业对其活动和数据进行详细的记录和报告，而这些记录和报告的管理，就需要有效的档案馆体系。数字档案馆能够提供一种高效、规范的管理方式，帮助企业满足这些合规要求。

对于许多企业来说，信息不只是支持日常运营的工具，更是实现战略发展的重要资源。通过数字档案馆，企业可以实现对信息的深度挖掘和利用。例如，通过大数据分析，企业能够发现市场趋势，理解客户需求，优化产品策略；通过知识管理，企业能够汇集和分享企业的知识资产，提高企业的创新能力和竞争力。

企业数字档案馆建设的现实需求体现在适应远程办公和移动办公的趋势。随着科技的发展，远程办公和移动办公越来越普遍，员工可能需要在任何地点、任何时间访问和使用档案资料。数字档案馆提供了一种在线、即时的服务方式，使远程办公和移动办公成为可能。

（二）企业数字档案馆建设的长远优势

在企业中，数字档案馆的建设不仅满足了短期的需求，也提供了长远的优势。

1. 提升信息利用效率

数字档案馆可以实现快速准确的信息检索以及信息的即时共享，从而大大提高了信息的利用效率。对于企业而言，这意味着其能够在更短的时间内获取需要的信息，提高决策和运营效率。

2. 支持企业创新和学习

数字档案馆的信息管理和服务功能，可以帮助企业更好地汇集和分享知识，支持企业的创新和学习活动。这对于企业在激烈的市场竞争中保持竞争力，实现突破性发展，具有重要的作用。

3. 保护企业的知识资产

通过数字化技术，企业可以将自己的各种知识资产（如商业秘密、专利、品牌、经验等），记录并保存在数字档案馆中，防止知识的流失和盗用。这对于保护企业的长期利益，维护企业的竞争优势，具有重要的价值。

4. 促进企业文化的建设

企业的历史、传统、价值观等，可以通过数字档案馆的形式得到展示和传承。这有助于塑造和弘扬企业文化，提升员工的归属感和凝聚力。

5. 增强企业的社会影响力

通过公开部分档案，企业可以向外部展示其历史、成就、责任等，提升公众的认知和信任，增强企业的社会影响力。

6. 提高企业的合规性和透明度

数字档案馆可以帮助企业满足各种法规和标准的要求，提高企业的合规性。通过提供详细、准确、及时的信息，数字档案馆还可以增强企业的透明度，提升各方对企业的信任度。

7. 实现"智慧时代"

数字档案馆是实现智慧档案馆的必经之路，也是响应未来"智慧城市"理念的重要途径。从长远来看，企业要想迎接"智慧时代"，必须从建立数字档案馆做起。

（三）数字档案馆对企业的具体贡献

数字档案馆对企业的具体贡献是多方面的，它不仅能提升企业的效率和竞争力，也能帮助企业构建良好的公众形象，增强企业的社会影响力。

数字档案馆的数据和信息通过有序的组织和有效的检索系统，可以为企业决策者提供快速准确的信息，从而提高决策的效率和准确性。例如，通过数据挖掘和数据分析，企业可以发现潜在的市场趋势、消费者需求等关键信息，为产品开发和市场战略的制定提供依据。

企业的知识资产是其核心竞争力的重要组成部分。数字档案馆提供了一个平台，可以整合企业的知识资源，实现知识的共享和传递，进而提升企业的知识管理能力。企业的历史和成就也可以通过数字档案馆来展示，这不仅有助于员工了解企业的发展历程，也可以弘扬企业的价值观，从而推动企业文化的建设。

数字档案馆不仅可以对档案进行数字化存储，而且可以设定访问权限，有效防止信息泄露，保障企业的信息安全。通过公开透明的信息展示，企业可以向公众展示其责任感和诚信度，从而增强公众的信任，更好地向外界展示其成就和价值，提升企业的社会影响力。

数字档案馆可以帮助企业满足法规和标准的要求，记录和保管相关的合规文件，确保企业的合规性。数字档案馆可以减少企业在物理存储和管理档案上的成本，从而提升企业的效率和利润。

第二节　企业数字档案馆的建设内容及步骤

一、企业数字档案馆的建设内容

（一）硬件设施的配置与优化

硬件设施的配置与优化是构建企业数字档案馆的基础环节，涉及存储设备、服务器、网络设施等关键组件的选择与配置。

存储设备的选择与配置对于企业数字档案馆至关重要。存储设备需要有足够的容量存储大量的数字档案，且需要具备高速读写能力，以满足快速检索和访问的需求。存储设备需要有良好的稳定性和可靠性，以确保档案数据的安全性。考虑到档案数据的重要性，存储设备建议采用冗余存储策略（如 RAID 技术或分布式存储系统），以防数据丢失。

服务器是企业数字档案馆的核心设施，负责存储、处理和分发数字档案。服务器需要有强大的处理能力，以处理大量的数据请求；还需要有足够的内存，以支持高效的数据处理和应用运行；也需要有良好的稳定性和可靠性，以保证数字档案馆的持续运营。

网络设施是实现数字档案馆功能的重要支撑。网络设施需要提供高速、稳定的数据传输能力，以满足数字档案的上传、下载和在线访问的需求。网络设施还需要具有良好的安全性，以防止网络攻击和数据泄露。

此外，硬件设施的配置与优化还需要考虑到未来的扩展性和可升级性。随着企业的发展，数字档案馆的硬件设施需要进行升级或扩展，因此数字档案馆在初期配置时就需要考虑到这一点，以避免未来的重大改造。

（二）软件系统的选择与集成

在企业数字档案馆的建设中，软件系统的选择与集成是至关重要的一环。适当的软件系统能够提升档案的管理效率，方便用户快速查找和获取信息，增强档案馆的服务能力和档案的安全性。

选择合适的档案管理系统是企业数字档案馆建设的基础。档案管理系统应能满足企业对于档案分类、档案入库、档案检索等基础功能的需求，还要具备高级功能（如档案的版本管理、档案的审计跟踪、档案的访问权限设置等）。档案管理系统应支持各种类型的档案（如文本档案、图片档案、音频档案、视频档案等），并能兼容各种格式的文件。

在选择档案管理系统时，企业需要考虑系统的易用性和扩展性。易用性意味着系统操作简单直观，用户能够快速上手，降低使用门槛。扩展性则意味着系统能够随着企业的发展而进行扩展，能够支持大量的档案存储和高并发的档案访问。

集成是企业数字档案馆建设的关键环节。数字档案馆需要集成多种软件系统，如企业资源计划（ERP）系统、文档管理系统（DMS）等。这些系统之间需要进行数据交换和协同工作，因此数字档案馆需要有一定的集成能力。数字档案馆还需要与企业的其他信息系统（如财务系统、人力资源系统等）进行集成，以实现全面的信息管理。

（三）数字资源的采集与管理

在企业数字档案馆的建设内容中，数字资源的采集与管理是一个重要的环节，其目的是确保档案信息资源的全面、及时和准确获取，并对这些资源进行有效管理，以满足企业内部和外部用户的信息需求。这一环节的主要任务包括资源的识别、采集、存储、组织、检索和维护等。

资源识别是数字资源采集与管理的起点。企业需要识别具有存档价值的各类业务文件、报告、计划、照片、录音、录像等数字资源，这些资源包括在线或离线、内部或外部的各种资源。

在资源识别的基础上，企业需要制定相应的采集策略，确定采集的频率、范围和方法。采集策略包括手动采集和自动采集两种方式。企业还需考虑数据的格式、质量和版权等问题，确保采集的资源能满足实际需求。

资源存储与组织是数字资源采集与管理的重要环节。企业需要建立合理的存储架构和数据模型，以保证数据的完整性、可用性和安全性。企业还需要制定科学的元数据标准和分类体系，对资源进行描述、分类和标引，使资源能够被有效管理和利用。

高效的检索系统可以使用户快速准确地找到所需的资源。这需要企业设计和实现一套支持全文检索、分类检索、多条件组合检索等多种检索方式的检索机制。

资源维护是数字资源采集与管理的后续任务。企业需要定期检查和更新存储的资源，处理出现的错误和问题，以保证资源的质量和可用性。企业还需要对资源进行版本控制和备份，以防数据丢失。

（四）服务功能的设计与提供

为了满足企业内部用户及外部合作伙伴对档案信息的多样化需求，服务功能的设计与提供成为企业数字档案馆建设的核心，将直接影响企业数字档案馆的使用效果和服务质量。

1. 查询与检索服务

查询与检索服务是企业数字档案馆最基本的服务功能。数字档案馆应设计强大的查询与检索系统，使用户可以通过关键词、主题、时间等方式快速准确地找到所需档案。查询与检索服务应包含智能检索功能，能够根据用户的历史行为和检索习惯，提供个性化的档案推荐。

查询与检索系统的设计应基于档案信息的元数据结构。元数据是描述数据的数据，包括档案的题名、作者、日期、主题等信息。通过元数据，用户可以进行精确查询，如通过作者、标题或日期等信息快速找到所需档案。查询与检索系统还应支持全文搜索，让用户能够在档案的全文内容中搜索关键词。全文搜索需要对档案进行分词处理，建立倒排索引等操作，这需要强大的数据处理和存储能力。

智能检索是查询与检索服务的重要扩展。智能检索系统可以通过机器学习等技术，理解用户的检索行为和需求，为用户推荐相关的档案。例如，智能检索系统可以根据用户的历史检索记录，推测用户可能感兴趣的档案主题；也可以根据用户在检索时的行为（如点击、停留时间等），推测用户的检索满意度，为用户推荐更符合其需求的档案。

为了提高查询与检索服务的用户体验，数字档案馆应提供易用的用户界面，如自动补全、相关搜索建议等功能。数字档案馆还应提供高级查询功能，让用户能够根据复杂的查询条件进行检索。

2. 在线查阅与下载服务

用户在查询到相关档案信息后，应能方便地在线查阅或下载，这需要档案馆有良好的数据存储和传输能力，以保证用户查阅与下载的流畅度和安全性。为了保证用户可以方便地在线查阅档案，数字档案馆应提供高效的数据读取和传输服务。这需要档案馆有高速的网络连接和大容量的数据存储设备。在网络传输方面，数字档案馆应选择高速的网络服务商，以减小数据传输延迟；在存储方面，数字档案馆应选择高性能的硬盘或者云存储服务，以提高数据读取速度。

为了提高在线查阅的体验，数字档案馆应提供各种辅助功能，如在线阅读器、文本高亮、标注等功能。对于多媒体档案（如视频、音频等），数字档案馆还应提供播放器和字幕等功能。

为了满足用户下载档案的需求，数字档案馆应提供稳定的下载服务。在设计下载服务时，数字档案馆需要考虑到用户可能会同时下载多个档案或者下载大文件。因此，数字档案馆应对下载服务进行并发控制和速度限制，以防止服务器过载。数字档案馆还应提供断点续传和批量下载等功能，以提高用户的下载体验。

为了保证查阅与下载的安全性，数字档案馆应实施严格的安全策略。例如，对于敏感的档案信息，数字档案馆应通过加密、权限控制等方式，防止未经授权的查阅和下载。数字档案馆还应实施网络安全措施（如防火墙、入侵检测系统等），防止网络攻击。

3. 档案共享与协作服务

企业数字档案馆的档案共享与协作服务是数字化工作流程的重要组成部分。它不仅需要支持跨部门、跨地域的档案信息共享，还需要提供多种协作工具，以支持团队协同工作。

档案共享服务应基于权限控制系统，明确各类用户对档案信息的访问和修改权限。这需要数字档案馆设计细致的权限管理制度，以确保档案信息的安全性以及信息共享的便利性。共享服务还应支持跨平台访问，让用户可以在不同的设备和操作系统中查阅档案信息。

档案协作服务需要提供各种协作工具（如文档编辑器、批注工具、讨论板等），以支持用户在线协同编辑和讨论档案。这需要数字档案馆有强大的实时计算和数据同步能力，以保证协作工具的实时性和稳定性。在设计协作工具时，也要考虑到用户的操作习惯和协作需求，提供符合人机工程学原则的用户界面。

为了提高协作的效率，数字档案馆应提供任务管理和进度跟踪等功能，帮助用户规划和监控协作活动。这需要数字档案馆有良好的数据分析能力，能够根据用户的协作行为，生成任务列表、进度报告等信息。

4. 档案利用服务

档案利用服务是企业数字档案馆为确保档案得到有效利用而提供的

一系列服务，包括档案使用指南、档案利用的咨询与培训服务以及针对特定需求的定制化档案服务等。

档案使用指南是包括档案的分类、索引、存储和检索方法等基础知识以及如何使用数字档案馆系统进行档案查询、查阅和下载等操作的指南。这些信息应以易于理解的语言和形式（如文本、图片、视频等）展示在数字档案馆网站的显眼位置，便于用户查阅和学习。

档案利用的咨询与培训服务可以通过线上咨询、线下研讨会、培训课程等形式进行，内容包括档案管理知识、档案利用技能以及针对新兴档案类型（如电子档案、多媒体档案等）的专项培训。该项服务还应提供档案利用的案例研究，通过具体的实例帮助用户理解和掌握档案利用的方法。

针对特定需求的定制化档案服务是提升数字档案馆服务质量的关键。这需要数字档案馆密切关注用户需求，对于特定的研究项目、业务需求或用户群体，提供定制化的档案收集、整理和分析服务。这些服务可以帮助用户快速获取和利用所需档案，提高工作效率，进一步提升数字档案馆的服务价值和用户满意度。

5. 档案保护与备份服务

档案保护与备份服务是企业数字档案馆中至关重要的功能，主要目的是确保档案的安全性和完整性。在一个良好运行的数字档案馆中，这项服务涵盖了档案的防护、恢复和备份等关键环节。

档案的防护主要包括数据保密和防病毒攻击。数据保密涉及对敏感或私有档案的访问权限进行控制，确保仅授权用户能够查阅这些信息。这可以通过用户身份验证、权限管理等技术手段实现。企业数字档案馆还需采取各种安全措施，防止病毒、恶意软件和黑客攻击，保护档案数据不受损害，这些安全措施包括定期更新防病毒软件、设置防火墙、及时修补系统漏洞、实施网络安全教育等。

档案的恢复功能能够应对可能出现的数据丢失或损坏。企业数字档案馆应设立强大的数据恢复系统，档案一旦出现丢失或损坏，可以及时恢复到之前的状态。数据恢复的关键在于一个可靠的数据备份以及一个能够有效执行恢复任务的系统。

企业应定期进行档案备份，将档案存储在安全、独立的设施中，防止由于硬件故障、自然灾害等原因造成的数据丢失。备份策略应根据档案的重要性、更新频率等因素制定，重要的档案应频繁备份，确保在任何情况下都能恢复数据。

二、企业数字档案馆的建设步骤和方法

（一）项目策划与前期准备

项目策划是项目开始的第一步，其中涉及的主要任务包括明确项目目标、进行需求分析、制订项目计划以及组建项目团队等。

1. 明确项目目标

企业数字档案馆的目标通常是支持企业的业务运营和决策，提高企业的信息化水平和竞争力。明确项目目标需要综合考虑企业的业务需求、信息化策略、经济效益等因素，制定实际可行的项目目标。

2. 进行需求分析

需求分析包括对企业内部环境和外部环境的全面分析、对用户需求的深入了解、对企业的资源状况和技术环境的详细评估。例如，用户需求分析需要进行用户调查，了解用户对数字档案馆的期望（如用户希望获取何种类型的档案信息、用户需要什么样的检索和使用工具等）；资源状况分析需要考察企业现有的档案资源、IT 设施等资源，确定资源的优势和不足，制定资源整合和优化策略；技术环境分析需要评估企业的

IT 技术基础、技术人员的技术能力等因素，确定数字档案馆的技术方案和技术需求。

3. 制订项目计划

项目计划是对项目实施过程的全面规划，包括项目的组织结构、任务分工、时间进度、质量要求、风险管理等内容。项目计划需要详细而具体，易于理解和执行，能够有效指导项目的实施。

4. 组建项目团队

项目团队的成员应根据项目的需求进行选择，通常包括项目经理、技术人员、业务人员、用户代表等。项目团队需要具有良好的团队精神和合作能力以及丰富的项目经验和专业技能。

（二）设施配置与系统建设

在项目策划和前期准备阶段完成后，接下来的任务是进行设施配置与系统建设。

在设施配置方面，企业需要考虑的硬件设施包括服务器、存储设备、网络设备等。服务器能够处理大量并发请求，以满足多用户同时访问数字档案馆的需求；存储设备需要具有足够的存储空间，以保存大量的档案数据，还需要考虑数据的备份和恢复能力，以防数据丢失或损坏；网络设备需要提供稳定、高速的网络连接，以支持档案数据的快速传输。软件设施包括操作系统、数据库管理系统、档案管理系统等，这些软件设施能够处理复杂的档案管理任务（如档案的分类、索引、检索、展示等），还需要考虑软件的安全性、可用性、可维护性等因素。

在系统建设方面，企业需要进行系统架构设计，确定系统的主要模块（如用户界面模块、档案管理模块、数据库管理模块、安全管理模块等）和模块之间的关系；需要进行系统功能设计，详细定义每个模块的功能和操作流程，以及模块之间的交互方式；需要进行系统编程开发，根据设计的需求和规格进行代码编写，使用合适的编程语言和工具实现所需的功能；还需要进行系统集成测试，测试系统的功能是否正确、性能是否满足需求、是否存在错误或问题，如果有问题则进行修改和优化，直到系统达到预期的效果。

设施配置与系统建设的过程，通常涉及跨领域的专业知识和技能（包括硬件技术、软件技术、网络技术、数据库技术、档案管理知识等），这就要求企业数字档案馆的建设者具有相应的专业能力和经验，能够处理这些复杂的技术问题。企业还需要建立一个有效的项目管理机制，以确保项目的顺利实施和质量控制。

（三）资源整合与服务开发

设施配置与系统建设完成后，下一步是进行资源整合与服务开发。

在资源整合阶段，企业需要将各种形式和来源的数字资源集成到数字档案馆中，形成一个全面、统一的档案资源库。这涉及对资源的采集、处理、存储和管理等一系列活动。例如，企业需要通过网络爬虫、数据采集工具、人工采集等方式，从各种渠道获取需要的档案资源；然后对资源进行处理（包括数据清洗、格式转换、元数据标注等），以便资源的存储和检索；再将处理后的资源存储到数据库中，并建立有效的资源管理机制，如备份恢复机制、数据更新机制、数据安全机制等。

在服务开发阶段，企业需要根据用户需求，设计和提供各种服务，以实现数字档案馆的功能和价值。例如，企业可以提供信息检索服务，帮助用户快速、准确地找到所需的档案信息；可以提供信息咨询服务，解答用户关于档案信息的各种问题；可以提供在线学习服务，支持用户通过档案资源进行自主学习，提高自己的知识和技能；还可以提供协同工作服务，支持用户在数字档案馆平台上进行协同创作、讨论交流等。

在服务开发过程中，用户体验设计是一个重要的环节，企业需要根据用户的行为习惯、心理需求、技术能力等因素，设计出易用、友好、满足需求的服务界面和操作流程。企业还需要关注服务的质量和效果，定期收集用户反馈，进行服务评估和优化，以提升服务的满意度和效果。

当然，任何一项活动和任务都需要企业具备专业的档案管理知识、数据库技术、用户体验设计技能、服务管理经验等多方面的能力以及一个专业的团队进行协作执行。企业可以根据自己的情况和需求，制订合适的资源整合策略和服务开发计划，按计划实施，以实现数字档案馆的目标。

（四）项目评估与持续优化

作为企业数字档案馆建设的后期环节，项目评估与持续优化的目的是评估项目的执行情况，发现和解决问题，优化和改进项目，确保项目达到预期的目标，以持续提升企业数字档案馆的性能、效率和用户满意度。

项目评估是一个系统性的过程，涉及对项目成果、执行过程、投入产出比和项目影响的全面评价。项目成果评价主要关注企业数字档案馆的功能是否达到预期、用户是否满意以及业务效益是否实现；执行过程评价关注项目的进度、质量、成本等是否符合计划；投入产出比评价关注项目的经济效益，投入产出比即投入的资源（如资金、时间、人力）和获得的收益（如效率提升、成本节约）之间的比值；项目影响评价关注项目对企业的长期影响，如企业文化的变化、员工能力的提升等。

项目评估的方法包括用户满意度调查、性能指标测评、成本效益分析、影响因素分析等。企业可以根据自身的需求和条件，选择适合的评价方法，定期进行项目评估，获取评价结果，以此作为决策的依据。

持续优化是在项目运行过程中，根据评估结果和用户反馈，对项目进行持续的优化和改进。这个过程涉及改进硬件设施、优化软件系统、更新数字资源、改善用户服务等各个方面。持续优化需要企业建立一个有效的反馈机制（如用户反馈系统、服务质量监控系统等）以及一个灵活的改进机制（如持续改进计划、改进项目管理系统等）。

通过项目评估与持续优化，企业可以持续提升数字档案馆的质量和效果，满足用户的需求，达到企业的目标，提升企业的竞争力。

第三节　企业数字档案馆高质量发展的原则及方法

一、企业数字档案馆高质量发展的原则

（一）企业数字档案馆高质量发展的理论基础

企业数字档案馆高质量发展的理论基础源于企业信息化管理理论、数字化档案管理理论、用户需求理论等领域的研究成果。

企业信息化管理理论认为，企业应以信息为核心资源，通过信息技术的有效应用，改进企业的管理模式，提高企业的竞争力。在数字档案馆的建设中，企业应以数字化档案为核心资源，通过数字化技术的有效应用，改进企业的档案管理模式，提高企业的知识管理能力。

数字化档案管理理论把数字化档案管理看作一场深度的变革，而不只是传统档案管理的电子化。在数字档案馆的建设中，企业应将传统档案管理的各个环节（如采集、处理、存储、检索、利用）全部进行数字化，构建以数字化档案为核心的新型档案管理体系。

用户需求理论认为，用户是服务的核心，满足用户需求是服务的首要任务。在数字档案馆的建设中，企业应将用户需求作为指导，提供满足用户需求的各种服务，如信息检索服务、信息咨询服务、在线学习服务、协同工作服务等。

（二）企业数字档案馆高质量发展的核心原则

1. 用户导向原则

企业应以满足用户需求为核心，通过持续的用户反馈和需求分析，优化服务，提高用户满意度。在设计和执行过程中，用户需求应始终被置于中心位置。因此，企业应深入研究和理解用户的信息需求、搜索习惯、利用方式等，定期进行用户满意度调查，积极听取用户反馈，及时调整策略和服务。例如，如果用户对检索系统表示困惑，那么企业可能需要改进检索界面的设计、增加用户帮助指南或在线教程、调整检索算法以改善检索效果。

2. 技术驱动原则

在当前的数字化环境下，信息技术是企业数字档案馆高质量发展的重要驱动力。企业应积极探索和应用云计算、大数据、人工智能等先进技术，不断进行技术创新，以提升服务质量和效率。例如，企业可以利用云计算技术提供稳定、可扩展的存储和计算能力；利用大数据技术分析用户行为，优化服务；利用人工智能技术提供个性化的推荐服务，提高用户满意度。

3. 数据优先原则

在数字档案馆中，数据是最重要的资源。因此，企业应重视数据的采集、管理和利用，保证数据的质量（包括数据的准确性、完整性、时效性等）。企业应制定和执行严格的数据质量管理政策，通过数据分析，及时发现和解决问题，不断改进服务。例如，企业可以通过数据清洗和数据校验技术，提高数据的准确性和完整性；通过数据备份和数据恢复技术，保证数据的安全性。

4. 持续改进原则

企业数字档案馆的高质量发展是一个持续改进的过程，而非一次性的任务。因此，企业应建立一套完善的项目评估和持续优化机制（包括定期的项目评估、持续的用户反馈收集、定期的服务优化等），以实现数字档案馆的持续高质量发展。例如，企业可以定期进行项目效果评估，根据评估结果和用户反馈，及时调整策略，改进服务，提升用户满意度。

（三）企业数字档案馆高质量发展的标准与指标

企业数字档案馆的高质量发展应设立一套标准和指标，以衡量和评价其发展质量。这些标准和指标可从用户满意度、服务质量、技术水平、数据质量、项目效果等多个角度来设定。例如，用户满意度可以通过用户反馈、用户调查等方式获取；服务质量可以通过服务响应时间、服务错误率、服务完整度等指标来衡量；技术水平可以通过技术创新能力、技术运用水平、技术更新速度等指标来衡量；数据质量可以通过数据的准确性、完整性、时效性等指标来衡量；项目效果可以通过项目成果、项目影响、项目投入产出比等指标来衡量。

通过这套标准和指标，企业可以对数字档案馆的发展质量进行系统的评价和监控，以实现企业数字档案馆的高质量发展。

二、企业数字档案馆高质量发展的方法

（一）确保数字档案馆的高效运行

1. 系统稳定性

企业数字档案馆的高效运行离不开稳定的系统环境。此处的稳定性

涵盖了硬件设备、网络环境以及软件系统的稳定运行。企业需要选用高质量的硬件设备，并定期进行检查和维护，避免因硬件故障影响数字档案馆的正常运行。网络环境的稳定性也至关重要，只有网络环境稳定，用户才能顺畅地访问和使用档案馆的各项服务。软件系统作为硬件设备和用户之间的桥梁，其稳定性的好坏更是关系到数字档案馆能否高效运行，这就要求企业选择专业的档案管理软件，定期进行系统升级，以抵御可能的安全风险，修复已知的系统漏洞，增加新的功能，优化现有的服务。

2. 数据管理

在数字档案馆中，数据是最重要的资源，高效运行的数字档案馆要有一套完善的数据管理策略。这一策略从数据的采集、存储、处理到更新都应有明确的规定和流程。例如，数据采集要兼顾数据的广度和深度，既要收集足够多的数据以满足不同的需求，也要对数据进行深度挖掘，提炼有价值的信息；数据存储需要考虑数据的安全性和可用性，选择合适的存储介质和方式，定期备份数据，以防止数据丢失；数据处理需要专业的技术和方法，以提高数据的准确性和一致性，使数据更有价值；数据更新也很重要，只有及时更新数据，数字档案馆的服务才能与时俱进。

3. 服务流程优化

针对用户需求的服务流程优化是保证数字档案馆高效运行的另一重要环节。企业需要对现有的服务流程进行检查和分析，发现流程中的烦琐步骤，并对这些步骤进行简化或自动化，使用户在使用服务时能更快地达到目标。企业也可以通过用户反馈，了解用户在使用过程中遇到的问题和需求，对服务流程进行持续优化，提高用户满意度。例如，企业可以通过建立用户反馈系统，及时收集用户的意见和建议，以此作为服务优化的依据。

（二）保持数字档案馆的持续创新

数字技术的发展日新月异，因此企业数字档案馆要实现高质量发展，就必须保持持续创新。

创新是推动行业发展的关键因素，企业数字档案馆也不例外。在追求高质量发展的过程中，持续创新不仅是必要的，也有利于企业长期发展的策略。这种创新涵盖了技术创新和服务创新两个方面。

技术创新是指企业数字档案馆积极探索和应用新的信息技术来提升数字档案馆的服务效率和质量。例如，云计算技术可以使企业数字档案馆的数据存储和计算能力得到大幅度提升，降低了企业的 IT 运维成本，提高了数据处理效率；人工智能技术（如机器学习和自然语言处理等）可以用于档案信息的自动分类、检索和推荐，大大提高了档案的使用效率和用户的满意度。

服务创新是指企业数字档案馆开发新的服务模式和工具，以满足用户新的需求。例如，企业可以开发移动端的档案服务，让用户随时随地查阅和使用档案信息；可以开发协同工作工具，支持用户在线进行团队协作和知识分享；还可以提供个性化的服务，如基于用户行为和偏好的档案推荐服务等。

（三）提升数字档案馆的服务质量

1. 提升数据质量

一个高质量的企业数字档案馆应该能够保证其数据的质量，主要体现在数据的准确性、完整性、一致性、及时性以及可用性等方面。

准确性是指数据的真实程度，是数据质量的基础。如果数据不准确，那么基于这些数据的服务和决策都将可能出现错误。因此，企业在数据采集和输入阶段就要注重数据的准确性，还要定期进行数据清洗和校验，删除或纠正错误数据。

完整性是指数据的完备程度，包括数据的全面性和深度。全面性是指数据应覆盖所有相关的领域和主题，深度则是指数据应提供足够的详细信息。企业需要对数据采集的范围和深度进行合理规划，确保数据的全面性和深度。

一致性是指在同一企业内，相同概念和过程的数据表现出的一致性。在一个企业的多个部门或功能区中，相同的数据应该保持一致，以便于数据的管理和应用。

及时性是指数据的更新频率应及时反映事物的最新状态。数据的及时性对于企业决策和服务提供有重要的影响，因此，企业应定期进行数据更新，保证数据的及时性。

可用性是指数据能否被用户轻松地查找和使用。企业需要通过有效的数据管理和服务设计，提高数据的可访问性和可理解性。

以某科技公司为例，该公司在数据管理中实施了一套严格的数据质量控制流程，从数据的采集、存储、处理、应用等各个环节都进行了质量控制，以确保数据的质量。该公司还利用其强大的数据分析能力，对数据进行实时监控和分析，发现并处理数据问题，提升数据质量。这种对数据质量的高度重视和严格控制，使该公司的数据服务在业界享有高度的信誉。

2. 提升用户体验

在设计用户界面时，企业不仅要考虑功能的实现，更要注意用户的使用体验。用户界面应简洁明了，让用户能够快速理解和上手。企业应提供多种检索方式（如全文检索、分类检索、高级检索等），让用户能够方便快捷地找到自己需要的信息。

企业可以根据用户的使用记录、偏好等信息，为用户提供个性化的推荐服务，帮助用户快速找到感兴趣的信息。企业也可以根据用户的反馈和需求，定制特色服务，满足用户的特殊需求。

用户支持服务也是提升用户体验的重要手段。用户支持服务包括在线帮助、用户指南、用户培训等，这些都能帮助用户更好地使用数字档案馆，提升用户的满意度。

以亚马逊为例，亚马逊的网站界面设计简洁明了，功能清晰，用户可以很容易地找到自己需要的功能和信息。亚马逊的推荐系统也做得非常好，可以根据用户的购买记录和浏览记录，推荐相应的商品，大大提高了用户的购物体验。亚马逊也提供了非常完善的客户支持服务，能够解决用户在购物过程中遇到的各种问题，提升用户的满意度。这些优秀的用户体验设计，使亚马逊在电商领域取得了巨大的成功。

3. 提升服务效率

提升服务效率不仅可以帮助用户更快地获取信息，还能提高数字档案馆的工作效率，降低运营成本。

企业可以通过优化服务流程（包括简化操作步骤、消除冗余环节、提升流程自动化程度等）来提升服务效率。例如，企业可以通过引入智能化的档案检索系统，提供自动补全、智能推荐等功能，帮助用户更快地找到所需信息。

提升服务响应速度是提升服务效率的重要途径，包括提升服务器的处理速度、优化网络的传输速度、提供快速的用户反馈等。例如，企业可以通过引入边缘计算技术，将数据和服务放在离用户更近的地方，大大降低数据的传输延迟，提升服务的响应速度。

提供实时的服务支持是提升服务效率的重要手段。例如，企业可以通过引入在线客服、AI 聊天机器人等工具，为用户提供实时的咨询和服务。

三、案例研究：成功的数字档案馆高质量发展实践

（一）IBM 的数字档案馆高质量发展实践

IBM 作为全球领先的信息技术公司，一直致力于技术创新和知识管理，其数字档案馆的建设和管理就是一个很好的例证。IBM 的数字档案馆收集和保存了公司的大量重要资料，包括公司历史、科研报告、产品手册、设计图纸、市场研究、员工培训材料等。这些资料不仅对 IBM 自身的运营和发展有着重要的影响，也对外界的研究和教学提供了丰富的资源。

在项目策划与前期准备阶段，IBM 进行了全面的需求分析和市场调研，明确了数字档案馆的目标用户、功能需求和技术需求。IBM 的目标用户主要包括公司内部的员工、研究人员和管理人员以及外部的客户、合作伙伴和学者。基于这些用户的需求，IBM 设计了一系列的服务，包括在线阅读、下载、检索、分享、交流等功能。在技术需求方面，IBM 选择了先进的信息技术（包括大数据、云计算、人工智能等），为数字档案馆提供了强大的技术支持。

在设施配置与系统建设阶段，IBM 投入了大量的硬件和软件资源，建立了一个高效、稳定、安全的数字档案馆系统。在硬件方面，IBM 使用了高性能的服务器和存储设备，提供了足够的计算能力和存储空间。在软件方面，IBM 使用了先进的操作系统和数据库管理系统，保证了系统的运行效率和数据的安全性。IBM 还自主开发了一套档案管理系统，实现了档案的自动化管理和服务。

在资源整合与服务开发阶段,IBM 集成了公司内外的各种数字资源，为用户提供了丰富的信息服务。IBM 采集了大量的文献、图像、视频等各种类型的档案，通过数据清洗、数据处理和数据标注等手段，提高了数据的质量和可用性。IBM 开发了一系列的在线服务（包括全文检索、

知识推荐、学习社区、在线咨询等），满足了用户的各种需求。

在项目评估与持续优化阶段，IBM 通过数据分析和用户反馈，对项目进行了深度的评估和优化。IBM 建立了一套完整的数据分析系统，实时监控和分析用户的行为和反馈，发现问题，改进服务。IBM 还进行了用户满意度调查，收集用户的意见和建议，不断提高服务质量。

IBM 数字档案馆在高质量发展方面的成功，得益于其对用户需求的深入理解、对技术创新的持续投入、对数据管理的重视以及对服务质量的追求。这些经验对建设和管理数字档案馆，实现其高质量发展具有重要的参考价值。

（二）辽宁省沈阳市的数字档案馆高质量发展实践

辽宁省档案部门积极推进数字档案馆的建设，展现出了一种开放探索的精神，体现在一系列实质性的活动和政策中。2014 年 2 月 28 日，辽宁省档案学会在省档案馆召开的研讨会上，针对数字档案馆和智慧档案馆的未来趋势、技术应用、管理方式及建设步骤进行了深度讨论。2015 年 6 月 1 日，沈阳市档案局举行了“沈阳市智慧档案馆建设方案征求意见会议”。这次会议进一步加深了沈阳市在数字档案馆的构建上的理解，并推动了相关实践的发展。2016 年 3 月 31 日，沈阳市政府正式启动了“智慧沈阳数字档案专题对话会平台”。该平台的启用标志着沈阳市在数字档案馆建设的实施阶段迈出了实质性的步伐。

在实践中，沈阳市城建档案馆已经在执行档案的电子化工作，其中包含的 18 个大类、104 个小类的 46 万份纸质档案，已有一半左右实现了电子化。该档案馆也将启动数字化的查询服务，借助网上预约登记、在线咨询等方式，使公众能够通过手机等移动设备便捷地查询和利用档案资源。

该实践经验启示我们，构建数字档案馆需要有明确的规划目标、全面的策略以及持续不断的实践和投入。

（三）山东省青岛市的数字档案馆高质量发展实践

山东省青岛市以其前瞻性和创新性的实践为全国提供了数字化、智慧化档案馆建设的参考样本。2010 年，青岛市建立了档案历史知识库，并于 2012 年成功启动了金宏政务网，实现了与档案信息网的整合。同样在 2012 年，该市完成了数字档案馆建设的理论探索，包括理念定位、基本功能、系统架构以及具体功能需求等方面。2013 年，青岛市档案馆正式启动了智慧型数字档案馆的建设。

2015 年 5 月 26 日，青岛市数字档案馆项目一期工程顺利通过验收，开始试运行。这一阶段的工程涵盖了电子档案的智能管理、智能数据管理、检索共享服务、智能感知管理、综合业务管理以及系统维护与控制等六大部分，实现了电子文档一体化和业务数据仓库式管理、基于物联网的档案智能管理、基于“青岛记忆”理念的数字文献资源管理、基于智慧泛在理念的档案信息服务、基于真实可信和长期可用的档案安全存储、基于智能技术的档案馆工作科学管理以及基于网格化管理的全市档案业务监督指导。

青岛市数字化、智慧化档案馆一期工程实现了档案信息管理和利用的创新。青岛市数字档案馆针对重要信息进行自动采集，涉及的内容包括重要门户网站信息、广播电视信息等。该档案馆也将保留城市记忆的文字材料、照片、录像资料等进行数字化，并纳入管理体系，实现了数据挖掘和快速检索。该档案馆还提供了全新的服务手段，推动了档案信息资源的共享，优化了档案服务途径。基于微信公众平台，青岛市档案馆构建了“掌上档案馆”，使公众可以通过手机和移动网络随时随地查阅档案。

青岛市通过数字档案馆进行城市档案的收集管理。青岛市档案馆通过拍摄城乡建设风貌、重大节庆活动、大型项目等，以照片、视频的方式记录城市的面貌。青岛市数字化档案馆一期工程的成功实施，改变了传统的档案馆服务模式，实现了档案信息服务的广覆盖、多途径和多样化。2016年，青岛市下发了2016年智慧青岛建设工作计划，由市档案局牵头进行数字档案馆二期工程。二期工程将进一步深化智慧档案信息管理平台的建设，实现信息的长期可信管理，建设城市记忆网站，让全市市民参与记录和分享城市历史文化成果，构建历史知识词库和模型库，支撑档案信息深度挖掘，用于指导和规范档案基础业务工作。

第六章

企业档案信息化高质量发展的保障机制研究

第一节　企业档案信息化高质量发展的制度保障

一、企业档案信息化高质量发展制度保障的重要性

制度保障是企业档案信息化高质量发展过程中提高效率、保障信息安全和实现持续发展的关键，也是企业在不断发展和变革中确保档案管理工作顺利进行的重要保障。

（一）制度保障的基本概念和功能

制度保障通常是指通过制定一系列行为规范、操作程序和管理机制，以保证组织的目标得以实现。

行为规范是指企业内部人员在档案信息化过程中应遵循的行为准则和道德规范；操作程序则是对企业档案信息化的各个环节（如档案的采集、分类、存储、检索、利用和销毁等）进行明确和细致的操作指导；管理机制是对企业档案信息化管理的组织形式和管理方式进行规定，以确保档案信息化工作的高效运行。

制度保障的主要功能可以概括为三个方面：规范行为、保障信息安全和推动持续发展。规范行为是通过明确的行为规范和操作程序，引导和规范企业内部人员的行为，确保档案信息化工作的顺利进行。保障信息安全是通过对档案信息的保护和管理，防止档案信息的遗失、泄露和滥用，确保档案信息的安全性和完整性。推动持续发展是通过不断的制度创新和改革，推动企业档案信息化的持续进步和发展。

以某技术公司为例，作为全球知名的信息通信技术解决方案供应

商，该公司在档案信息化的过程中，建立了一套完善的制度保障体系，包括档案信息化管理规章制度、档案信息化安全管理制度和档案信息化发展战略等。这套体系既规范了档案管理人员的行为，也为档案信息的采集、存储、利用和保护提供了操作指南，明确了档案信息化的发展目标和路径，实现了档案信息化高质量发展的制度保障。

（二）制度保障在企业档案信息化中的作用

在企业档案信息化的过程中，制度保障发挥着关键的作用，确保了档案信息管理的顺利进行，提升了信息管理的质量。

有效的档案信息化制度能够明确角色定位，从而提升工作效率。档案信息化制度可以明确各部门以及个人的职责范围，从采集、管理到使用档案信息的过程中，每个参与者都有清晰的角色定位。这种规定还明确了行为准则，减少了冲突和混乱，提高了档案管理的效率。

制度保障对档案信息的存储、使用和传递提供了规范。这不仅包括对物理档案的管理，也包括对电子档案的管理。对于物理档案，制度可以规定如何存储、保管和借阅档案，以防止档案的丢失或损坏。对于电子档案，制度则可以规定如何备份、加密和传输数据，以保证数据的安全性和完整性。

制度保障有助于维护档案信息的安全性。在当前信息化社会，档案信息的安全问题越来越重要。因此，企业需要制定严格的信息安全制度，如规定谁可以访问哪些信息、如何授权和撤销权限、如何监控和记录访问行为等。

制度保障可以为企业档案信息化的持续改进和发展提供方向。企业可以根据制度保障对档案信息化工作进行定期的审查和评估，以发现存在的问题和改进的机会，从而不断提升档案信息化的质量和水平。

以某电子商务公司为例，这家全球领先的电商企业拥有庞大的商品信息和用户数据。为了保障这些信息的安全，该公司制定了一系列严格的信息管理制度（包括数据加密、访问控制、审计追踪等多项措施），有效地防止了信息的泄露或滥用。该公司还利用制度保障推动档案信息化的持续改进（如定期审查信息管理系统的效能、调整和优化信息管理流程），以提升档案信息化的质量和效率。

二、企业档案信息化高质量发展制度保障的实施策略

（一）制定有效的档案管理制度

制定有效的档案管理制度是实施制度保障的首要环节。有效的档案管理制度应该包含档案收集、分类、存储、使用和处置等全过程的规定，并明确各个环节的责任人。在制定制度的过程中，企业应充分考虑档案的特性和管理的实际需求，制定符合企业实际情况的档案管理制度。

1. 制度的构建

制度的构建首先需要识别和了解企业档案信息化的需求，包括了解企业的业务流程、档案类型、存储需求等。在此基础上，企业可以结合行业最佳实践以及相关法规要求，制定完整的档案管理制度。制度的构建应该遵循开放性、适应性和灵活性的原则，以适应企业运营和技术环境的变化。

2. 制度的内容

档案管理制度的内容应涵盖档案的收集、分类、存储、使用和处置等各个环节。档案收集环节需要明确档案的来源、收集方式、收集频率等；档案分类环节需要明确档案的分类标准和方法；档案存储环节需要明确档案的存储条件、存储位置、存储期限等；档案使用环节需要明确档案的使用权限、使用规则、使用跟踪等；档案处置环节需要明确档案

的销毁方法、销毁条件、销毁审核等。

3. 制度的实施

制度的实施不仅需要明确各环节的责任人，还需要建立制度执行的监督机制，包括制度执行的检查、评估和反馈。企业还需要定期对制度进行审查和更新，以应对企业运营和技术环境的变化。

以 IBM 为例，作为全球领先的信息技术公司，IBM 一直重视档案管理制度的制定。早在 2000 年年初，公司业务已完成全球化目标，其技术知识和专利分布在全球各地的研究实验室。这意味着 IBM 需要一种新的系统来管理和保护这些技术资料，确保只有具有相应权限的人员才能访问。为了解决这个问题，IBM 在 2001 年设立了一个由主任信息官负责的专门项目组。项目组由来自各个业务部门和 IT 部门的代表组成，其任务就是制定一套全新的档案管理制度。在制定制度的过程中，项目组广泛征求了各部门的意见，充分考虑了档案的特性和管理的实际需求。经过数月的努力，项目组完成了一套全新的档案管理制度。这个制度包括了档案收集、分类、存储、使用和处置的规定，明确了各环节的责任人。制度发布后，IBM 建立了一套云存储系统，所有的技术资料都上传到了这个系统，并且只有得到授权的员工才能访问。这套制度的实施，极大地提高了 IBM 的档案管理效率，保护了关键技术资料。如今，这套制度已经成为 IBM 档案管理的核心，为 IBM 的档案信息化提供了强有力的制度保障。

（二）执行与监督

执行与监督是制度保障的关键环节，只有通过有效的执行与监督，档案管理制度才能在企业档案信息化的过程中发挥预期的作用。

制度的执行需要有明确的执行主体。执行主体通常由企业设立的专门机构或指定的职位（如档案管理部门或档案管理员）组成。这些执行主体应当熟悉档案管理制度的各项规定，并且具有必要的专业知识和技能，以便在实际工作中准确地执行制度。

企业还应该建立一套完善的监督机制，以确保制度的执行情况得到有效的监控。这可以通过定期的审计或检查来实现。监督机制应该明确监督的频率、范围和标准以及对监督结果的处理方式。

对于在制度执行和监督过程中发现的问题，企业应及时进行整改。整改的过程应该明确责任人，并设定明确的整改期限。企业还应根据实际情况对制度进行调整，以适应企业的发展和变化。

以某体育用品公司为例，该公司是一家全球知名的运动品牌，在全球范围内有着大量的供应商和合作伙伴。为了管理这些合作伙伴的信息，公司在 2015 年建立了一套供应商信息管理制度。该制度明确了信息收集、存储、使用和处置的规定以及各环节的责任人。制度的执行主体是公司的供应商关系部门，该部门定期对各供应商的信息进行审核，并对制度执行情况进行监督。通过这种方式，公司成功地管理了其全球供应链的信息，保证了供应链的稳定和安全。

（三）制度评估与优化

制度的评估与优化是保证制度有效性的重要环节。企业应定期对档案管理制度进行评估，通过分析制度执行的效果，发现制度中存在的问题和不足。在评估的基础上，企业应对档案管理制度进行优化，以提高档案管理的效率和质量，推动企业档案信息化的高质量发展。

1. 制度评估

企业应当定期进行制度评估，可以是半年或一年一次，主要通过对档案管理效率、档案信息的完整性和准确性、员工对制度执行的满意度等方面进行评价，以判断档案管理制度的有效性。制度评估还可以通过收集员工的反馈和建议，了解制度在实际执行过程中的问题和困难。

2. 制度优化

在制度评估的基础上，企业应该对档案管理制度进行优化，优化的方向应根据评估结果来确定。例如，如果发现档案管理效率低，企业需要对档案管理流程进行优化；如果发现档案信息的完整性和准确性不高，企业需要提高档案信息采集和审核的标准；如果员工对制度执行的满意度不高，企业需要提高制度的透明度和公平性。

3. 制度更新

随着信息化技术的不断进步和企业业务的发展，企业档案信息化管理也需要不断更新。这不仅包括更新档案管理制度，还包括更新档案管理的技术和工具，以适应新的业务需求和技术发展。

以 Google 为例，Google 在档案信息化管理上做了许多尝试和优化。2018 年，Google 成立了专门的“信息管理团队”（Information Management Team，IMT），负责全公司的档案信息化管理。IMT 的职责包括制定档案管理制度、执行和监督制度的执行以及对制度进行定期评估和优化。每年年底，IMT 会对档案管理制度进行全面评估，分析审计结果，评估制度的执行效果，发现制度中可能存在的问题和不足。在 2019 年的评估中，IMT 发现了一些档案分类和搜索的问题。为了解决这些问题，IMT 在 2020 年引入了新的分类系统，使档案的分类和搜索更加便捷，提高了信息采集的效率，使档案信息的更新更加及时。

第二节　企业档案信息化高质量发展的组织保障

一、企业档案信息化高质量发展组织保障的重要性

（一）组织保障的基本概念和功能

在企业档案信息化高质量发展中，组织保障扮演着举足轻重的角色。组织保障的核心目标是通过建立健全的组织机构，保证企业各项业务的高效、流畅运行。在此基础上，组织保障涵盖了组织结构设计、人力资源配置、角色分工、职责划分以及沟通机制的构建等方面的内容。

组织结构设计的合理性和科学性是企业档案信息化高质量发展的前提。合理的组织结构能够有效地调动人力资源，形成良好的工作氛围，提升企业运行效率。在企业档案信息化的过程中，组织结构设计需考虑各部门间的协作性和整体效率。

人力资源配置的精准性和合理性是企业档案信息化高质量发展的关键。人力资源是企业最重要的资产，也是企业发展的动力。在企业档案信息化的过程中，企业应根据业务需要，对人力资源进行科学配置，既要充分利用人力资源，又要保证人力资源的质量。

角色分工和职责划分的明确性和准确性是企业档案信息化高质量发展的保证。明确的角色分工和职责划分可以减少工作冲突，提高工作效率。在企业档案信息化的过程中，企业应明确各部门和个人的角色和职责，确保企业档案信息化工作的有序进行。

沟通机制的高效性和透明性是企业档案信息化高质量发展的保障。有效的沟通机制可以促进信息的及时传递，增强企业的协同效应。在企业档案信息化的过程中，企业应建立高效、透明的沟通机制，确保信息

的畅通无阻。

（二）组织保障在企业档案信息化中的作用

组织保障在企业档案信息化中具有重要作用，主要表现在三个方面：构建专业的档案管理机构、进行合理的人员配置和培训以及建立有效的组织协调与沟通机制。

通过构建专业的档案管理机构，组织保障实现了档案的专业化管理。专业的档案管理机构的成员通常具有深厚的档案学背景和丰富的实践经验，他们对于档案信息化的需求有着更为深刻的理解和把握，能够更有效地组织和指导企业档案信息化的实施。专业的档案管理机构也会负责建立和完善相关的档案管理规章制度，以确保企业档案信息化的顺利进行。

组织保障通过合理的人员配置和培训，显著地提升了企业的档案管理能力。合理的人员配置能够确保档案信息化工作的高效进行，而专业的培训能够提升员工对于档案信息化的认识和技能。合理的人员配置和培训不仅有利于提高企业档案信息化的质量和效率，也有利于企业文化的建设和长远发展。

通过建立有效的组织协调与沟通机制，组织保障提高了档案管理的效率和质量。良好的组织协调与沟通机制可以有效地解决企业内部的信息孤岛问题，保证信息的流动性和有效性。这对于档案信息化的实施至关重要，因为档案信息化本质上是一个涉及多个部门、多个层级的工作，只有确保信息的畅通和有效流动，才能保证档案信息化工作的高效进行。

二、企业档案信息化高质量发展组织保障的实施策略

（一）建立高效的档案管理组织结构

构建高效的企业档案管理组织结构是企业档案信息化高质量发展的

重要保障。企业可以采取“统筹规划、分组管理”的策略，以档案部门为核心，建立包含多部门参与的矩阵式管理架构。这样的架构能实现企业档案工作的统一管理，确保档案资源的齐全与保管期限。各子公司也需要设立专门的档案管理部门，并在各业务部门配置专门的档案管理人员，负责本部门档案的收集与移交，提升档案管理效率。

引进和培养专业人才是建设高效的档案管理组织结构的关键。企业需要引进工程建设、档案管理、信息技术等领域的复合型人才，以满足项目档案管理和数字化转型的需求。企业应与高校建立合作关系，引导学生参与实习工作，熟悉项目档案工作环境，提升学生的工作技能。企业还需要为内部人员提供专业培训和交流机会，并制定有效的激励机制，以提升人员管理水平和服务能力。

（二）人员配置与培训

人员配置与培训是组织保障的重要组成部分。企业应确保拥有足够的专业人员来执行档案管理任务，并提供必要的培训，提升员工的档案管理知识和技能。

1. 人员配置

档案信息化管理工作涉及多个领域的知识，包括但不限于档案学、信息科学、计算机科学等。因此，人员配置需要保证各类专业知识的覆盖。在人员配置上，企业需要考虑包括档案管理专业人员、IT 技术人员和业务人员在内的多元化配置。档案管理专业人员负责档案的整理、管理和使用工作；IT 技术人员负责档案信息化的技术实现；业务人员需要根据业务需求，协助完成档案的收集和分类等工作。

2. 培训计划

在配置了合适的人员之后，企业还需要为员工提供必要的培训，以提升员工的档案管理知识和技能。培训应该包括档案管理的基本知识（如档案的分类、编码、保管和利用等）以及档案信息化的技术知识（如数据库管理、数据分析、数字化技术等）。培训还应该关注员工的实践能力，可以通过模拟实验、案例分析等方式，帮助员工将理论知识转化为实践技能。

3. 持续学习

由于档案信息化技术的持续发展和更新，员工需要持续学习，以适应技术和管理方法的更新。企业可以建立长效的培训机制，如设立学习小组、组织学术讨论会、定期进行内部培训或外部培训等。企业也可以通过提供学习资源、设立奖励制度等方式，激励员工主动学习，提高自我发展能力。

（三）组织协调与沟通机制

在实施企业档案信息化过程中，组织协调与沟通机制的建立是确保整个工作顺利进行的关键。良好的组织协调与沟通机制可以促进各部门、各层级之间的信息流通，有利于形成共享的目标和任务认知，降低冲突和误解，从而提高企业档案信息化的工作效率和质量。

1. 组织协调机制

由于档案管理涉及企业的各个部门和层级，因此，企业需要有一个统一的协调机构来管理和指导各项工作。例如，企业可以设立一个由企业高层领导担任主任的档案管理委员会，负责制订档案信息化的总体策略和计划，解决档案管理的重大问题，协调企业内部的各部门和个人之间的工作关系。

2. 沟通机制

在协调机制的基础上，企业需要建立有效的沟通机制，包括定期的协调会议、报告制度以及其他形式的沟通渠道。定期的协调会议可以让各部门的负责人共享信息、讨论问题、达成共识。报告制度可以让高层领导及时了解档案管理的工作进展和存在的问题。其他形式的沟通渠道（如邮件、网络会议等）可以提供更灵活的沟通方式，满足不同的沟通需求。

3. 技术支持

为了保证沟通的有效性，企业还需要有相应的技术支持。例如，企业可以通过信息化的手段（如企业内部的网络平台、移动应用等）实现实时、便捷的信息交流，这些技术手段还可以提供文件共享、在线协作等功能，进一步提高协调与沟通的效率。企业需要建立开放、透明、合作的组织文化，鼓励员工积极参与档案管理工作，主动分享信息，积极解决问题。

第三节　企业档案信息化高质量发展的安全保障

一、企业档案信息化高质量发展安全保障的重要性

（一）安全保障的基本概念和功能

在企业档案信息化高质量发展过程中，安全保障是指一系列策略、程序、技术和措施，用以保护企业的档案信息系统免受各种潜在威胁（包括数据泄露、非法访问、系统故障等），确保档案信息的完整性、可用性、保密性和抗篡改性。

1. 保障企业档案信息的完整性

保障企业档案信息的完整性是企业档案信息安全保障的基本功能之

一。只有保证档案信息的完整性，才能确保信息的准确性和可信度。在企业档案信息化的过程中，完整性保障需要防止任何未经授权的创建、修改或删除档案信息的操作。

2. 保障企业档案信息的可用性

企业档案信息化安全保障的另一个基本功能是可用性。档案信息能够在需要时可用，才能满足企业的业务需求。可用性保障需要防止任何可能导致系统停机或数据丢失的事件，如硬件故障、软件错误或网络中断等。

3. 保障企业档案信息不被泄露

保密性是企业档案信息安全的重要需求。一些档案信息可能包含企业的敏感信息（如商业秘密、个人隐私等），需要防止未经授权的访问或泄露。保密性保障需要通过访问控制、加密等技术手段，来防止非法访问或数据泄露。

4. 保障企业档案信息不被篡改

档案信息应能抵御恶意的修改或篡改。抗篡改性是确保档案信息真实性和公信力的重要保障。

为了实现企业档案信息化高质量发展，企业需要建立全面的安全保障体系（包括安全策略、安全技术、安全管理等多个方面），以防范各种潜在威胁。

（二）安全保障在企业档案信息化中的作用

安全保障在企业档案信息化中扮演着不可或缺的角色，它是企业档案信息化能否持续、稳定、高效发展的关键。没有良好的安全保障，企业档案信息化的建设将面临严重的挑战。企业有必要将安全保障作为档案信息化的重要组成部分，投入必要的资源和精力，进行全面的安全保障工作。一个良好的安全保障体系可以提升档案信息的可用性和可信度，从而提高企业档案管理的效率和质量。

企业档案包含了企业的重要信息，这些信息的丢失可能会对企业的运营和发展产生严重的影响。安全保障可以通过备份和恢复策略、硬件冗余等方式，防止信息丢失。

企业档案还包含敏感信息（如商业秘密、个人隐私等），这些信息的泄露可能会损害企业的利益和声誉。安全保障可以通过访问控制、加密等手段，防止信息泄露。

档案信息系统的稳定运行是企业档案管理工作的基础。安全保障可以通过防病毒、防黑客、防系统故障等手段，维护系统的稳定运行。

二、企业档案信息化高质量发展安全保障的实施策略

（一）建立完善的安全防护体系

对于企业档案信息化高质量发展而言，安全防护体系是确保数据安全的重要基础。

1. 网络安全防护

网络是信息化系统的基础，也是安全威胁最为常见的地方。企业应当建立强大的网络安全防护体系，包括部署防火墙阻止未经授权的访问以及使用入侵检测系统（IDS）和入侵防御系统（IPS）识别并阻止潜在的网络攻击。

2. 数据安全防护

企业档案信息中包含大量敏感数据，保护这些数据不受侵害是安全防护体系的重要任务。通过数据加密技术，企业可以保护数据在传输

和存储过程中的安全，防止数据被未经授权的人员访问。企业还应当建立严格的访问控制策略，确保只有具有相应权限的人员才能访问相关数据。

3. 系统安全防护

企业应确保所有用于处理档案信息的系统都具有足够的安全性。这些系统包括但不限于操作系统、应用程序、数据库管理系统等。定期更新和修复这些系统的安全漏洞，可以大大降低受到攻击的风险。

4. 物理安全防护

物理安全防护对确保数据安全也很重要，企业应确保其硬件设施（如服务器、网络设备、存储设备等）都在一个安全的环境中。物理安全防护包括防止物理入侵以及防止因自然灾害（如火灾、洪水等）导致的损失。

5. 应急响应机制

即使有了完备的安全防护体系，企业也无法避免所有的安全威胁。因此，建立快速有效的应急响应机制至关重要。它可以帮助企业在面临安全事件时，迅速进行应对，减小损失。

（二）制定详细的安全管理制度

安全管理制度是维护企业档案信息化高质量发展的重要工具，规范了企业内部人员的行为，为档案管理工作的正常运行提供了明确的行为准则。实施安全保障策略时，制定详细的安全管理制度不容忽视。企业应对其档案信息进行分类和标识，以区分不同级别的数据。对于不同级别的数据，企业应制定不同的管理和保护策略。例如，对于敏感数据，企业需要使用更为严格的访问控制策略和加密技术。

人为因素是安全威胁的一个重要来源。因此，企业应制定培训制度，定期进行安全培训，提高员工的安全意识，使员工了解如何防止安全事件的发生以及在发生安全事件时如何应对。

企业应建立定期的安全审计和检查机制，以确保安全管理制度的有效实施。这可以通过内部审计、外部审计或者第三方的安全评估来实现。

企业还应制定详细的应急响应制度，以应对可能发生的安全事件。应急响应制度包括如何识别安全事件、如何评估事件的影响、如何制定应对策略、如何恢复业务等。

在制定和实施安全管理制度时，企业需要考虑各类可能的威胁，包括来自内部的威胁（如员工的误操作）和来自外部的威胁（如黑客攻击）。这就需要企业有一定的安全知识，了解各类威胁的特性和应对策略。企业也需要具备一定的风险评估能力，以便在面对复杂的安全威胁时，能够做出合理的决策。以下是企业档案信息化安全管理制度的范例，企业可根据自身实际情况进行参考，从而制定符合自身发展的制度保障条款。

引言

本制度旨在确保企业档案信息化工作的安全和高效运行，提升信息处理的效率，保证信息资产的完整性、可用性和机密性。

条款 1：范围

本制度适用于企业全体员工以及所有接触、处理或管理企业档案信息的合作伙伴和第三方。

条款 2：数据分类与保护

2.1 数据分类：根据数据的敏感性和重要性，数据分为公开、内部、敏感和高度敏感四类。

2.2 数据保护：不同等级的数据需要采取相应等级的保护措施，特别是敏感和高度敏感的数据，要采取加强的安全措施。

条款3：访问权限

3.1 用户访问权限应根据用户角色和职责设定，限制不必要的数据访问。

3.2 敏感数据的访问需进行严格审批、记录和审计。

条款4：数据备份与恢复

4.1 企业数据需进行定期备份，备份数据存储于安全的位置。

4.2 企业需制定数据恢复的策略和程序，以应对可能的数据丢失。

条款5：应急响应

5.1 所有人发现任何可能威胁数据安全的情况，应立即报告。

5.2 企业需根据情况严重程度，启动相应的应急响应流程。

条款6：培训与教育

6.1 所有涉及档案信息处理的员工，必须接受信息安全培训。

6.2 企业需定期组织信息安全知识的培训和教育活动。

条款7：安全审计

7.1 企业需定期进行安全审计，检查制度的执行情况和企业的安全状况。

7.2 对于发现的问题，企业要及时修复并改进制度。

条款8：法规遵守

企业需遵守所有相关的法律法规，包括但不限于数据保护法、信息安全法等。

条款9：制度修订

本制度应随着企业的发展和技术的进步，定期进行修订和更新。

另外，每个条款都需要在企业具体环境下进一步细化，以上制度框架仅供参考。

（三）定期进行安全培训和演练

安全培训和演练是提高企业内部人员安全意识和能力的有效方法。

企业应定期进行安全培训，教育员工正确的安全行为，以防止因误操作导致的安全问题。企业还应定期进行安全演练，以测试和提高企业的安全应对能力。

在一个企业中，每一位员工都是企业安全防线的重要一环。员工的行为可能直接影响企业信息的安全。在这个层面上，安全培训可以提供必要的知识和技能，帮助员工理解自己的行为如何影响企业的安全，并教授员工如何避免潜在的风险。例如，安全培训可以涵盖如何识别和避免网络安全攻击、如何安全地管理和处理敏感信息以及如何遵循企业的安全政策和程序等内容。

安全演练是检验培训成果的重要手段。通过模拟各种可能出现的安全事件（如数据泄露、网络攻击、设备丢失等），企业可以评估员工的实际操作能力和响应速度，了解在面对真实安全威胁时，企业和员工能否迅速并正确地做出应对措施。这种演练不仅可以帮助企业发现培训中的不足，也能进一步提升员工面对真实安全威胁时的自信和能力。

在实施安全培训和演练时，企业需要明确培训和演练的目标，根据企业的实际情况和员工的实际需要，制订具有针对性的培训计划和演练方案。企业还需要建立反馈机制，及时调整和完善培训与演练的内容和方法，以确保其效果。

（四）实施持续的安全监控和审计

安全监控和审计是企业实施安全保障策略的重要手段。企业应实施持续的安全监控，以实时发现并应对安全威胁。企业还应定期进行安全审计，以评估安全防护体系的有效性，并根据审计结果调整安全策略。

安全监控是企业防范安全风险的第一道防线。通过实施实时的安全监控，企业可以及时发现潜在的安全威胁，并采取防范措施。具体的安全监控措施包括但不限于网络流量监控、系统行为监控、异常行为监控、日志审查等。这些措施可以帮助企业在第一时间发现异常行为或者迹象，及时采取防范措施，避免或者最小化潜在的损失。

与实时的安全监控不同，安全审计更侧重于对历史数据的分析，以评估安全防护体系的有效性，并根据审计结果调整安全策略。在实施安全审计时，企业需要考虑如何有效地收集和分析日志数据、如何根据分析结果调整安全策略以及如何根据审计结果持续改进安全防护体系等问题。安全审计的关键在于，它不仅要检查是否有安全威胁发生，还要分析为什么会发生这些威胁以及如何在未来避免类似的威胁。

（五）建立应急响应机制

应急响应机制是企业应对安全事件的重要手段。企业应制订详细的应急响应计划，明确在各种安全事件发生时的应对策略和程序。企业还应建立专门的应急响应团队，负责应对安全事件。

应急响应计划是应急响应机制的核心，明确了在各种安全事件发生时应该采取的应对策略和程序。一个完整的应急响应计划应包含事件定义、事件分类、事件响应流程和事件后续处理四个部分。

事件定义是明确哪些事件属于安全事件，需要触发应急响应机制；事件分类是根据事件的严重程度，将事件分为不同的等级，以便采取相应的应对措施；事件响应流程是详细描述在发生安全事件时应采取的操作流程，如通知相关人员、收集事件数据、分析事件原因、制定应对策略、恢复正常业务运营等；事件后续处理是如何对事件进行总结和分析，如何根据事件结果调整安全策略，以防止类似事件的再次发生。

企业还应建立应急响应团队。应急响应团队是实施应急响应计划的主要力量，它应由具有丰富安全知识和实践经验的专业人员组成，这些人员应能迅速并准确地响应安全事件，最大限度地降低安全事件对企业的影响。在组建应急响应团队时，企业需要考虑团队成员的知识背景、技能水平、实战经验等多方面因素。

第四节　企业档案信息化高质量发展的经费保障

一、企业档案信息化高质量发展经费保障的重要性

（一）经费保障的基本概念和功能

在企业档案信息化高质量发展过程中，经费保障是指保证企业档案信息化管理工作正常进行所需要的资金支持，主要包括信息的采集、存储、维护、更新以及其他相关的运营费用。

经费保障在企业档案信息化高质量发展过程中的功能主要体现在以下几个方面：确保基础设施和设备的更新换代；保证数据的安全和完整；支持系统的开发和维护；优化企业运营。

（二）经费保障在企业档案信息化中的作用

经费保障对于企业档案信息化高质量发展至关重要。企业需要通过制定科学的经费保障策略，确保档案信息化项目的顺利实施和稳定运行，同时抓住信息技术的发展机遇，提升企业的竞争优势。

无论是硬件设备的采购、软件系统的开发与购买，还是专业人员的招聘与培训，都需要大量的资金投入。如果缺乏足够的经费支持，企业档案信息化项目将无法顺利进行。档案信息化系统的运行（包括设备维护、系统升级、安全防护、数据备份等多个环节）需要持续的资金投入。如果经费不足，这些环节可能无法正常执行，从而影响档案信息化系统的稳定运行。

随着信息技术的快速发展，企业需要不断更新和升级档案信息化系统，以提高其功能性和效率。这同样需要持续的资金投入，如果缺乏足

够的经费保障，企业将无法抓住信息技术的发展机遇，提升档案信息化的水平。在当前的市场环境中，拥有高效、先进的档案信息化系统是企业获取竞争优势的重要手段。通过投入足够的经费，企业可以引进最新的信息化技术和管理理念，提高档案管理的效率和质量，从而增强企业的竞争力。

二、企业档案信息化高质量发展经费保障的实施策略

（一）经费筹措与预算管理

在企业档案信息化的过程中，筹措足够的经费并进行有效的预算管理是至关重要的。这不仅需要企业高层的支持，还需要企业具备良好的财务管理能力。

经费筹措是档案信息化工作的基础，是最直接、最稳定的经费来源。在经费筹措时，企业应充分考虑档案信息化的资金需求，包括硬件设备投入、软件购买或开发、人员培训等方面的费用。企业可以尝试获取政府补贴、外部投资和贷款。这些经费来源可以为企业提供更大的发展空间。申请这些资金需要企业具备一定的申报能力和信用等级。例如，企业需要制订详细的项目计划，向资金提供者展示其档案信息化的可行性和潜在效益。

预算管理是经费筹措的延伸，关乎经费如何分配和使用。企业应根据档案信息化的发展规划和目标，制订合理的预算计划，确保各个阶段的资金需求都能得到满足。优秀的预算管理还需要考虑资金的优先级，将有限的资源集中在关键领域和环节，以最大限度地提升效益。企业还需要建立严格的预算执行和监控机制，这不仅可以防止经费的浪费和滥用，还可以及时发现问题并解决，保证档案信息化工作的顺利进行。

（二）经费使用与审计

经费使用应本着公开、公正、公平的原则，建立完善的经费使用制度，明确各项费用的使用标准和审批流程，确保经费的合理使用。经费审计是对经费使用情况的检查和评估。企业应定期进行经费审计，发现并纠正经费使用中的问题。审计结果可以为企业的经费筹措与预算管理提供参考，帮助企业改进经费保障策略。

经费使用的关键在于严格的监管和透明的流程。为实现经费的合理使用，企业需要确立明确的使用规范和审批制度，将各项费用明细化，并设立审批权限，避免不合规的经费用途。具体费用的使用（如人力投入、设备购买、系统维护等）需要经过明确的审批流程，这有助于避免浪费或不必要的支出。

经费使用与审计不应仅限于内部，也需要接受外部的审查。企业可邀请独立的审计机构进行定期审计，确保经费使用的合规性。通过审计，企业可以发现并纠正经费使用中的问题，如资金滥用、内部贪污等。审计不仅是对企业财务状况的一种保障，更是对企业管理水平的一种考核。审计结果能为企业提供重要的信息支持，对经费筹措与预算管理提供有价值的反馈。例如，审计结果可以揭示经费使用的疏漏或者效率问题，帮助企业修正经费筹措和使用的策略，使之更加符合企业的实际需求和发展目标；还可以用于向企业高层、股东、投资者和其他利益相关方报告，增加企业的公信力和透明度。

在经费使用与审计过程中，企业需要以公开、公正、公平为原则，确保所有的经费使用和审计活动都符合企业的道德标准和法律规定。这不仅有助于提高经费使用的效率，更能增强企业的社会责任感和声誉。

（三）经费效益评估与优化

经费效益评估是衡量企业档案信息化投入产出比的重要手段。企业应定期进行经费效益评估，了解档案信息化的实际效益，为经费筹措和使用提供依据。经费优化是在效益评估的基础上，对经费使用进行调整和优化。企业应根据评估结果，调整经费分配，优化经费使用，以提高企业档案信息化的经济效益。

经费效益评估涉及对企业档案信息化的投入与产出比进行详细衡量和分析。在经费效益评估中，企业不仅需要量化档案信息化带来的直接经济效益（如提高工作效率、降低运营成本等）和间接经济效益（如提升企业形象、增强竞争力等），还应考察档案信息化的风险和挑战（如技术更新换代的成本、数据安全和隐私保护的问题等）。因此，经费效益评估是一个多元化、综合性的任务，需要企业从多个角度进行全面的分析。

经费效益评估的结果是经费优化的依据。经费优化是一个动态的过程，需要企业根据评估结果，及时调整经费的分配和使用。例如，如果某项档案信息化项目的效益低于预期，企业就需要减少对该项目的投入或者寻求新的解决方案；如果某项档案信息化项目的效益超出预期，企业则可增加对该项目的投入，以进一步扩大其效益。经费优化还涉及对企业的经费管理流程进行优化，如简化审批流程、增强经费使用的透明度等。

经费效益评估与优化需要企业具有一定的分析能力、灵活的决策能力以及持续的创新能力。只有这样，企业才能最大化档案信息化的效益，实现持续、稳定的发展。

参考文献

[1] 谢寒冰. 数字化转型背景下企业档案数据治理成熟度模型构建研究 [D]. 西安：西北大学，2022.

[2] 陈阿辉. 企业档案信息开发的实现维度与创新策略研究 [D]. 郑州：郑州航空工业管理学院，2022.

[3] 牛梓任. 企业档案馆档案信息化发展战略研究：以 CB 档案馆为例 [D]. 郑州：郑州航空工业管理学院，2022.

[4] 张宇航. 企业档案工作者胜任力模型研究 [D]. 保定：河北大学，2022.

[5] 刘莉娟. 基于绩效管理的企业档案工作效益实现研究 [D]. 武汉：湖北大学，2022.

[6] 江雨洋. 美国哈佛企业史学会研究: 1925—1953[D]. 福州: 福建师范大学，2021.

[7] 王靖博. 上汽大众档案信息化建设研究 [D]. 湘潭：湘潭大学，2021.

[8] 陈祎梦. 信息生态视域下的企业档案工作均衡发展研究：以 Z 省电力公司为例 [D]. 南京：南京大学，2021.

[9] 赵彩彩. 国有企业档案管理数字化转型策略研究：以济南轨道交通集团有限公司为例 [D]. 济南：山东大学，2021.

[10] 郭宏泽. 哈尔滨地区老字号企业档案利用策略研究 [D]. 哈尔滨：黑龙江大学，2021.

[11] 肖诗羽. 国有企业水利工程档案数字化管理研究：以 Y 企业为例 [D].

昆明：云南大学，2021.
[12] 王雯洁 . 企业档案安全文化建设研究 [D]. 保定：河北大学，2021.
[13] 邢小美 . 工业大数据背景下的钢铁企业档案管理研究 [D]. 保定：河北大学，2021.
[14] 吴施施 . 数字化转型中工业企业档案数据安全保障研究 [D]. 长春：吉林大学，2021.
[15] 周皓 . 华润置地沈阳城市公司档案外包问题及解决对策研究 [D]. 沈阳：辽宁大学，2021.
[16] 薛晗 . 基于SWOT的企业档案开发利用研究: 以L集团为例 [D]. 哈尔滨: 黑龙江大学，2021.
[17] 舒洁 . 数智时代企业档案人才培养模式的思考 [D]. 武汉：湖北大学，2021.
[18] 黄膺竹 . 企业档案文化创意产品开发研究 [D]. 湘潭：湘潭大学，2020.
[19] 杨淑梅 . 企业档案工作政策法规研究 [D]. 合肥：安徽大学，2020.
[20] 宋扬 . 黑龙江省国有改制企业档案管理现状调研 [D]. 哈尔滨：黑龙江大学，2020.
[21] 鲁伟丽 . 基于新时代高质量发展的工业企业档案管理研究 [D]. 保定：河北大学，2020.
[22] 刘长晨 . 国有企业产权变动档案处置机制研究 [D]. 南京：南京大学，2020.
[23] 寇家伟 . 基于核心竞争力理论的企业档案利用研究 [D]. 哈尔滨：黑龙江大学，2020.
[24] 董开星 . 美国企业史学家与企业档案相互关系研究：1927—1962[D]. 福州：福建师范大学，2020.
[25] 李洪洋 . 社会记忆视域下企业档案信息资源建设研究 [D]. 哈尔滨：黑龙江大学，2020.
[26] 陈娟 . 企业档案资源开发效益的提升策略研究 [D]. 武汉：湖北大学，

2020.
[27] 葛少玉 . 宜宾鲁能开发（集团）有限公司档案管理现状调研 [D]. 哈尔滨: 黑龙江大学，2020.
[28] 蒋明珉 . 国有破产企业档案管理存在的问题及对策研究 [D]. 昆明：云南大学，2020.
[29] 王昀 . 知识管理背景下企业档案管理模式研究 [D]. 哈尔滨: 黑龙江大学，2020.
[30] 何亚楠 . 电力企业档案信息化项目管理研究 [D]. 西安：西安建筑科技大学，2019.
[31] 乐苑 . 近现代苏州丝绸档案整理研究 [D]. 沈阳：辽宁大学，2019.
[32] 徐晗轩 . 中国民营企业档案信息系统外包研究 [D]. 沈阳：辽宁大学，2019.
[33] 高思宇 . 老字号企业档案管理问题与对策研究 [D]. 保定：河北大学，2019.
[34] 余梦妍 . 企业档案与企业形象塑造研究 [D]. 福州：福建师范大学，2019.
[35] 廖倩 . 某企业档案管理系统的设计与实现 [D]. 成都：电子科技大学，2019.
[36] 李梦婷 . 我国企业档案管理研究的共现分析与历时演进 [D]. 武汉：湖北大学，2019.
[37] 张思羽 . 企业决策理性提升视阈的企业档案管理研究 [D]. 武汉：湖北大学，2019.
[38] 赵晨旭 . 对外贸易企业档案管理调研分析 [D]. 哈尔滨：黑龙江大学，2019.
[39] 王鑫鑫 . 国有企业档案管理工作现状分析：以 B 市城市建设投资发展有限公司为例 [D]. 哈尔滨：黑龙江大学，2019.
[40] 张映雪 . 基于知识管理的企业档案信息化发展策略研究：以 D 公司为

例 [D]. 天津：天津大学，2018.

[41] 童心 .XB 企业档案管理信息化建设研究 [D]. 西安：西北大学，2018.

[42] 董晖 . 青岛金晶公司档案信息化建设及系统优化设计研究 [D]. 济南：山东科技大学，2018.

[43] 李治伟 . 企业档案应急管理研究 [D]. 保定：河北大学，2018.

[44] 马晓娜 . 企业档案的文化价值研究 [D]. 保定：河北大学，2018.

[45] 陈园 . 申新纺织企业档案工作研究：1915—1955[D]. 上海：上海师范大学，2018.

[46] 李坚 . 企业档案文化建设研究 [D]. 南京：南京大学，2018.

[47] 陈逸寒 . 破产企业档案保护与开发模式研究 [D]. 南京：南京大学，2018.

[48] 周诺亚 . 民营小微型企业档案管理问题研究 [D]. 哈尔滨：黑龙江大学，2018.

[49] 赵俊俊 . 企业文化建设视角下的企业档案管理研究 [D]. 哈尔滨：黑龙江大学，2018.

[50] 覃天 . 大数据背景下企业档案管理研究 [D]. 哈尔滨：黑龙江大学，2018.

[51] 宋婧馨 . 流通型商贸企业档案管理调研分析 [D]. 哈尔滨：黑龙江大学，2018.

[52] 王汝通 . 图书（企业档案信息）管理系统设计 [D]. 北京：北京工业大学，2017.

[53] 张泰齐 . 基于数据挖掘的企业档案管理信息系统的设计与实现 [D]. 成都：电子科技大学，2017.

[54] 汤男楠 . 企业档案信息化建设存在问题与对策研究 [D]. 合肥：安徽大学，2017.

[55] 孙天娇 . 基于 B2C 电子商务档案管理的调查研究 [D]. 哈尔滨：黑龙江大学，2017.

[56] 刘佳昕 . 企业档案服务品牌塑造研究 [D]. 哈尔滨：黑龙江大学，2017.
[57] 李晓萌 . 大数据背景下企业档案信息资源共建共享研究 [D]. 哈尔滨：黑龙江大学，2017.
[58] 伍恒 . 黑龙江省电力勘察设计院档案管理现状分析 [D]. 哈尔滨：黑龙江大学，2017.
[59] 武巍 . 基于 B/S 的中小企业档案管理系统的设计与实现 [D]. 大连：大连理工大学，2016.
[60] 刘晓羽 .H 公司人事档案信息化建设研究 [D]. 石家庄：河北科技大学，2016.
[61] 吴智慧 .AHT 企业档案信息化安全体系构建研究 [D]. 株洲：湖南工业大学，2016.
[62] 袁博 . 华北油田档案服务现状调查研究 [D]. 保定：河北大学，2016.
[63] 王洁 . 基于知识管理的企业档案信息开发和利用模式研究 [D]. 太原：山西大学，2016.
[64] 霍燕 . 基于知识管理的企业档案价值研究 [D]. 天津：天津师范大学，2016.
[65] 张琦 . 民营企业档案监管问题研究 [D]. 天津：天津师范大学，2016.
[66] 胡杰 .“新常态”下企业档案管理变革探究 [D]. 武汉：湖北大学，2016.
[67] 廖飞 . 某企业档案管理信息系统设计 [D]. 成都：电子科技大学，2016.
[68] 杨裕果 . 风电企业档案信息化系统的设计与实现 [D]. 北京：华北电力大学，2016.
[69] 方雪 . 企业档案外包管理研究 [D]. 合肥：安徽大学，2016.
[70] 张海韵 . 基于知识管理的企业科技档案信息资源开发利用研究 [D]. 南宁：广西民族大学，2015.
[71] 吴丽娜 . 基于知识资产观的企业档案管理模式研究 [D]. 武汉：湖北大学，2015.

[72] 段雨泓 . 企业档案维权功能研究 [D]. 昆明：云南大学，2015.
[73] 刘婉娇 . 民营企业档案管理存在的问题及对策研究 [D]. 沈阳: 辽宁大学，2015.
[74] 张宇桓 . 火力发电企业档案管理工作探析 [D]. 哈尔滨：黑龙江大学，2015.
[75] 郭晋 . 企业档案管理外包风险和对策研究 [D]. 哈尔滨：黑龙江大学，2015.
[76] 宋佰奉 . 企业档案个性化管理研究 [D]. 哈尔滨：黑龙江大学，2015.
[77] 刘永 . 企业档案工作人员存在的问题与对策研究 [D]. 合肥：安徽大学，2015.
[78] 周宝权 . 基于 UML 的企业档案管理系统的设计与实现 [D]. 成都：电子科技大学，2015.
[79] 王富宇 . 民营企业档案管理现状调研 [D]. 哈尔滨：黑龙江大学，2015.
[80] 向传忠 . 巴中市投促委企业固定资产管理信息系统的设计与实现 [D]. 成都：电子科技大学，2015.